Erwin W. Heri

Die Acht Gebote der Geldanlage
Ein Handbuch für den Umgang mit Wertpapieren

Erwin W. Heri

Die Acht Gebote der Geldanlage

Ein Handbuch für den Umgang mit Wertpapieren

Helbing & Lichtenhahn
Basel · Genf · München
Verlag Franz Vahlen München
2000

Die Deutsche Bibliothek – CIP-Einheitsaufnahme

Heri, Erwin W.:
Die Acht Gebote der Geldanlage : Ein Handbuch für den Umgang mit Wertpapieren / Erwin W. Heri. - Basel ; Genf ; München : Helbing und Lichtenhahn ; München: Vahlen, 2000
ISBN 3-7190-1845-8 (Helbing & Lichtenhahn)
ISBN 3-8006-2537-7 (Vahlen)

ISBN 3-7190-1845-8 (Helbing & Lichtenhahn)
ISBN 3-8006-2537-7 (Vahlen)

Inhalt

Prolog

Seit dem Erscheinen meiner Abhandlung „Was Anleger auch noch wissen sollten..." (1996) ergaben sich bei öffentlichen Veranstaltungen, aber auch in privaten Diskussionen zahlreiche Gelegenheiten, die im damaligen Buch vorgestellten Hypothesen und Prinzipien weiter zu vertiefen. Ich habe in diesem Zusammenhang immer wieder die Erfahrung gemacht, dass die grössten Herausforderungen bei der Weitergabe von wissenschaftlichen und praktischen Finanzmarkt-Erkenntnissen an ein breites Anlegerpublikum nicht nur dadurch entstehen, dass sich die Wissenschaft auf unserem Gebiet selber auch nie wirklich einig ist, sondern vor allem auch dadurch, dass wir es mit einem unendlich grossen, aber ebenso heterogenen Interessentenkreis zu tun haben. Dies ist einerseits die Schwierigkeit bei der Wissensvermittlung im Anlagebereich, andererseits aber auch die Herausforderung.

Es gibt sehr viele ausgesprochen kompetente Anleger, die heutzutage das Geschehen an den Finanzmärkten verfolgen, analysieren und überblicken. Sie können über alle Details in beliebiger Tiefe Auskunft geben und kennen den Unterschied zwischen Fachwissen und Scharlatanerie natürlich sehr genau. Daneben gibt es aber auch den sprichwörtlichen Geizhals, der sein mühsam erspartes Geld aus der Matratze hervorholt, um sich nun endlich auch einmal unter die „grossen Finanzjongleure dieser Welt" zu mischen. Er erwacht nach ein paar Wochen aus seinem Traum, findet eine leere Matratze, aber ein Haus voller Schulden vor, weil er einem der zahlreichen Finanzhaie auf den Leim gegangen ist, den er aber ohne Zweifel wieder ein wenig reicher gemacht hat.

Diese beiden Kategorien von Anlegern werden wir mit dem vorliegenden Buch wahrscheinlich nicht ansprechen – ganz im Gegenteil. Bei der ersten laufen wir Gefahr, dass wir, wie schon bei früheren Projekten, zu hören bekommen: „Im Prinzip stimmt das schon, aber ganz so einfach ist es nun wirklich nicht."

Und für die zweite Kategorie müsste unser Buch wahrscheinlich eher heissen: „In 360 Tagen zur ersten Million" oder so ähnlich. Neben diesen beiden Extremen habe ich in den letzten 20 Jahren aber eine grosse Anzahl von Leuten kennen gelernt, die durchaus offen sind für neuere Erkenntnisse der Finanzmarktforschung. Oft haben solche Personen an den Märkten bereits alle möglichen positiven und negativen Erfahrungen gesammelt, die sie in grössere Zusammenhänge einordnen möchten. Oder sie wollen einfach nur die täglichen Diskussionen in der Presse und sonstigen Medien an irgendetwas messen, das ihnen als Fundament dienen kann. Diesem Leserkreis liefert diese Abhandlung vielleicht Hinweise, wie bestimmte Aussagen darüber, was an den Märkten passiert ist oder unter Umständen passieren wird, einzuordnen sind; was man von Finanzberatern heutzutage erwarten kann und was nicht; und schliesslich, was man selber bewerkstelligen kann, darf und soll. In diesem Sinne vermag dieses kleine Buch hoffentlich zu einem besseren Verständnis in der breiten Öffentlichkeit beizutragen, was sich an den so faszinierenden Finanzmärkten dieser Welt so alles ereignet. Und insbesondere soll es auch Hinweise liefern, wie diese Erkenntnisse für die Erarbeitung einer eigenen Anlagestrategie herangezogen werden können.

Ich betrachte diese Aufgabe vor allem auch deshalb als Herausforderung, weil wir in der vorliegenden Abhandlung aufzeigen wollen, wie man mit relativ wenig Grundsätzen (die man aber vielleicht umso konsequenter umsetzt) auch ohne fundiertes Wissen über alle möglichen und unmöglichen Ereignisse auf den Finanzmärkten und ohne über alle möglichen Instrumente und Anlagestrategien im Detail Bescheid zu wissen ansprechende Vermögenserträge erarbeiten kann. Noch mancher so genannte Anfänger hat nämlich in den letzten Jahren bewiesen, dass er an den Kapitalmärkten bessere Erträge zu erzielen vermag (eine bessere Performance hat, wie man so schön sagt) als so mancher Profi, der von sich behauptet, mit allen Wassern gewaschen zu sein. Der entscheidende Punkt ist, dass es einem gelingt, die gröbsten Fehler der Geldanlage zu vermeiden und mit einem durchschnittlichen Ertrag zufrieden zu sein. Wie sonst selten im realen Leben verhält es sich nämlich bei der Geldanlage so, dass der Durchschnitt bereits recht ansprechend ist. Und es ist tatsächlich möglich, mit unterdurchschnittlichem Engagement bereits durchschnittliche Resultate zu erzielen.

Das mag einigermassen paradox klingen. Wir werden aber aufzeigen, wie dieses scheinbare Paradoxon zu verstehen ist. Auch die Fehler, die es zu vermeiden gilt, werden wir im Detail besprechen. Sie bilden letztlich die Voraussetzung für die Erkenntnisse, die wir vielleicht etwas mutig „Die acht Gebote der Kapitalanlage" nennen[1].

In den letzten Jahren ist die Sprache an den Finanzmärkten, zumindest für Aussenstehende, etwas bizarr, um nicht zu sagen, abschreckend geworden.

1 Natürlich habe ich ursprünglich versucht, zehn Gebote zu finden. Dies ist mir aber beim besten Willen nicht gelungen. Es ist aber so, dass der Anleger auch mit den acht Geboten wohl gerüstet ist für die Opportunitäten und die Risiken, mit denen ihn die Anlagemärkte konfrontieren.

Dabei beginnt der verwendete „Slang“ nicht nur an den Märkten selbst, sondern auch in der Finanzliteratur, teilweise sogar in den Medien beinahe schon Ausschlusscharakter zu bekommen (aber vielleicht macht ja auch gerade dies einen Teil der Faszination aus?!).

Deswegen soll mit dem vorliegenden Werk einmal mehr versucht werden, das Basiswissen der Anlagetheorie zusammen mit neueren Erkenntnissen der Finanzmarktforschung in verständlicher Sprache auch einem breiten Publikum zugänglich zu machen.

Ein solches Unterfangen ist immer eine Gratwanderung, da man einerseits als Autor bei der Darstellung viele Vereinfachungen machen muss und nicht in alle Details gehen kann. Andererseits kommt man nicht darum herum, trotzdem einen Jargon zu benutzen, der nach wie vor vielen als unzugänglich erscheint. Wir gehen dieses Risiko hier bewusst ein in der Hoffnung, einen gangbaren Mittelweg gefunden zu haben.

Ein solches Projekt entsteht nie vollständig ohne fremde Hilfe. Entsprechend bedanke ich mich ganz herzlich bei Jörg Rosskopf, der mir in den letzten Jahren bei zahlreichen Referaten und Unternehmungen auch in stressigen Phasen immer ausgesprochen kompetent assistiert hat. Ich danke ferner Heinz Zimmermann für zahlreiche Diskussionen der hier behandelten Themen und für seine Bemerkungen zu einer früheren Fassung und Roman Benz für eine ausgesprochen kompetente sprachliche Überarbeitung des Manuskripts. Des Weiteren bedanke ich mich bei meinen drei Kindern dafür, dass sie unserem gemeinsamen Urlaubsmotto (NAB, Nobody is Anybody's Bimbo) meistens Verständnis entgegengebracht haben. Und schliesslich danke ich meiner lieben Frau Therese dafür, dass sie auch bei diesem Projekt wieder oft ein Auge zugedrückt hat.

Winterthur, im August 1999 ERWIN W. HERI

Kapitel 1

Einleitung

Im vorliegenden Buch geht es um ausgesprochen grundsätzliche Überlegungen zur Kapitalanlage und nicht um die zahlreichen neuen Produkte, die in den letzten Jahren entwickelt wurden, sowie um die verschiedenen Anlagestrategien zur Erreichung ganz spezieller Portfolioeigenschaften. Das Werk handelt auch nicht von Preisbildungskonzepten aller möglichen Anlagekategorien oder von Risikomanagementansätzen. Wir werden zudem keine komplexen Produkte der Kapitalanlage analysieren und ihre Eigenschaften beschreiben.

Es geht hier um viel fundamentalere Fragen wie z.B. darum, ob man Aktien besitzen soll oder nicht, welche Aktien man kaufen soll und zu welchem Zeitpunkt. Wie soll man eigentlich dieser Finanzmarktwelt grundsätzlich gegenüberstehen, all den Medien, all den Meldungen, all den Unsicherheiten und letztlich all den Produkteverkäufern, die einem den Fonds X oder die Aktie der Firma Y – weil sie gerade „heiss" sind – verkaufen wollen?

Auf gut Deutsch: Es geht darum, wie ein privater Anleger (die Leserschaft aus dem Kreis der institutionellen Anleger wird sich wundern, wie relevant einzelne der hier gemachten Aussagen auch für sie sind!), der nicht jeden Tag alle einschlägigen Zeitungen und Zeitschriften lesen möchte, zu einer vernünftig strukturierten Anlage seines Geldes gelangt und welche Ergebnisse er dabei erwarten darf. Wie wir im Prolog schon kurz erwähnt haben, werden wir aufzeigen, dass auch ein privater Anleger mit einer disziplinierten Anlagestrategie längerfristig durchaus Ergebnisse erzielen kann, die in ähnlichen Grössenordnungen liegen wie die der Profis.

Das Problem liegt in der Konsistenz und der Anlagedisziplin, die gar nicht so einfach durchzuhalten sind. Zu gross sind die Herausforderungen, zu lockend die Verheissungen, die uns fast täglich weismachen wollen, dass irgendjemand es eben doch wieder gewusst hat. Zu asymmetrisch sind die Wahrnehmungen (aber auch die Berichterstattung) von phantastischen Ergebnissen an den Weltbörsen. Zu oft wird von Aktien berichtet, die wir auch wieder verpasst, und von Leuten, die es geschafft haben. In diesem Umfeld ist es schwierig, diszipliniert immer wieder langfristig zu planen und an einer einmal eingeschlagenen Strategie festzuhalten. Genau dies ist aber der Schlüssel zum Erfolg. Im vorliegenden Buch geht es nicht darum, die hohen Gewinne, die einzelne Anleger immer wieder an den Finanzmärkten verbuchen können, herabwürdigen zu wollen. (Dazu hat der Autor selbst viel zu viel Freude an den „Zicken" und „Fransen" dieser

Märkte.) Es soll vielmehr davon ausgegangen werden, dass einzelne (vielleicht spekulative) Gewinne eben nicht einfach die Regel sind und deswegen auch nie und nimmer zur Basis für eine systematische Anlagepolitik werden dürfen.

Wir werden selbstverständlich in einem späteren Kapitel aufzeigen, auf welche Art und Weise mit zum Teil spekulativen Ideen (die oft ja auch viel Spass machen) umzugehen ist. Zuvor sollen aber die Grundlagen dafür behandelt werden, wie eine systematische und konsistente Anlagestrategie aufzubauen ist. Dabei konzentrieren wir uns in der vorliegenden Abhandlung auf nur zwei Anlageklassen: auf Aktien und Obligationen. Die zahlreichen anderen Anlagemöglichkeiten wie Immobilien, Hypotheken, Sparbücher, ganz zu schweigen von Optionen oder sonstigen Derivaten, analysieren wir hier nicht. Dafür vertiefen wir umso mehr unsere Kenntnisse der Aktienmärkte und versuchen im Detail abzuklären, wie für einen durchschnittlichen Anleger die Aktienrisiken zu beurteilen sind. Zudem gehen wir der Frage nach, welche Konsequenzen diese Risiken für die Mittelallokation des durchschnittlichen Anlegers hat.

Im 2. Kapitel analysieren wir zunächst Aktien und Obligationen, wobei wir einen langen Anlagehorizont bzw. eine lange Halteperiode annehmen. Aus dieser Analyse können wir dann ableiten, was die kurzfristig doch recht grossen Aktienrisiken zu bedeuten haben, wenn wir von Anfang an wissen, dass wir die Titel langfristig halten wollen. Wir werden sehen, dass es sich nicht lohnt, Aktien zu halten, wenn man keinen langfristigen Horizont entwickelt hat. Dies ist per se zwar noch nicht besonders aufregend, aber die Analyse der Risiken bei zunehmender Halteperiode führt immerhin zum Ergebnis, dass für gewisse Anlegerkategorien vernünftig definierte Aktienrisiken praktisch gleich null sind.

Weil die Aktienmärkte stark schwanken (vgl. Kapitel 2), wird man wohl versuchen, die Aktien immer gerade dann zu kaufen, wenn sie tief sind, und sie gegebenenfalls wieder zu verkaufen, wenn sie einen Höchststand erreicht haben. Mit solchen Fragen zu den Möglichkeiten und Unmöglichkeiten des Timings an den Finanzmärkten setzt sich das 3. Kapitel auseinander.

Im 4. Kapitel gehen wir der Frage nach, welche Aktien im Einzelnen zu kaufen sind bzw. welche Aktienstrategie am besten in unsere langfristige Geldanlagestrategie passt. Wir werden dort aktive Strategien mit passiven (oder indexähnlichen) Strategien vergleichen und daraus Schlussfolgerungen für den Aufbau unseres Anlageportfolios ziehen.

Die Theorie effizienter Märkte wird im 5. Kapitel dargestellt und empirisch untersucht. Es wird analysiert, ob es sich bei den Preisen auf den

Finanzmärkten um so genannt informationseffiziente Preise handelt oder ob eine systematische Analyse öffentlich zugänglicher Informationen tatsächlich zu Anlageergebnissen führt, die besser als der Durchschnitt sind.

Das 6. Kapitel dient gewissermassen zur Relativierung der nur auf Disziplin und Strategie ausgerichteten Ratschläge in den ersten Kapiteln. Es wird betont, dass die Beschäftigung mit den Finanzmärkten auch Spass machen darf und dass man vielleicht auch etwas lernt, wenn man sich nicht am Main Stream orientiert. Wir erklären in diesem Abschnitt ein fundamentalökonomisches Zins- und Konjunkturmodell, mit welchem man die Ereignisse an der Geld- und Konjunkturfront der letzten 30 Jahre vernünftig erklären kann und das uns vielleicht auch interessante Anhaltspunkte für die Entwicklungen in den nächsten Jahren liefern kann.

Das 7. Kapitel fasst dann die Schlussfolgerungen unserer verschiedenen Hypothesen und Analysen zusammen, und zwar in der Form unserer Acht Gebote der Geldanlage, denen das vorliegende Buch seinen Titel verdankt.

In den verschiedenen Kapiteln arbeiten wir jeweils zunächst mit einer Reihe von Hypothesen, die wir in der Folge mit empirischen Untersuchungen zu stützen oder gegebenenfalls auch zu falsifizieren versuchen. In diesem Sinne verstehen wir das vorliegende Buch und die daraus abgeleiteten Schlussfolgerungen als eine Art Exerzitium in angewandter Wirtschaftsforschung, das sich in der Anlagepraxis der letzten Jahre bereits in grossem Stil bewährt hat. Auch auf diese Erfahrungen wird an unterschiedlichen Stellen hingewiesen.

Kapitel 2

Trachten Sie nicht nach kurzfristigem Gewinn

Ein kleiner historischer Rückblick

Es ist an vielen Orten dokumentiert und beschrieben worden, dass man längerfristig mit Aktien mehr Geld verdienen kann als mit Obligationen oder irgendeinem anderen Anlagemedium. Allerdings sind diese Darstellungen oft nur einer relativ oberflächlichen Analyse unterzogen worden und werden häufig einfach nur im Raum stehen gelassen. Das führt dann entsprechend zu Reaktionen wie „ ja, wenn ich das gewusst hätte" oder „im Nachhinein ist man immer klüger". Wir wollen versuchen, diese Lücke etwas zu schliessen und zunächst anhand der langfristigen Daten für die Schweiz etwas Licht ins Dunkel zu bringen.

Als Erstes soll dargestellt werden, wie sich 100 Schweizer Franken (CHF) entwickeln, die im Jahre 1926 in Schweizer Aktien bzw. in Schweizer Obligationen investiert werden[2]. Dabei gehen wir davon aus, dass die Investition nicht in irgendeine Aktie erfolgt, sondern in einen breiten Index. Ferner nehmen wir an, dass jeglicher Cash Flow, also beispielsweise Dividendenzahlungen bei Aktien oder Couponzahlungen bei Obligationen, jeweils sogleich wieder in das entsprechende Instrument reinvestiert werden. Des Weiteren verfahren wir nach einer ganz einfachen Buy-and-Hold-Strategie. Die Wertpapiere werden mit anderen Worten einmal gekauft und dann „laufen gelassen". Wir setzen also nicht einen Anleger mit einer besonders ausgeklügelten Trading-Strategie voraus, sondern einfach jemanden, der einen Teil seines Vermögens in Aktien bzw. Obligationen investiert, und zwar als Alternative zum Bankkonto oder zum Haustresor.

Die nachstehende Grafik zeigt die Entwicklung über die letzten 75 Jahre:

2 Wir haben in der Einleitung darauf aufmerksam gemacht, dass wir hier nicht im Detail auf einzelne Anlagevehikel eingehen wollen. Insofern verstehen wir in der Folge unter einer Obligation eine Staatsanleihe mit langer (in der Regel 10-jähriger) Laufzeit. Leser, die eine etwas eingehendere Diskussion darüber wünschen, was unter einer Anleihe (Obligation, Rente etc.) zu verstehen ist, sollten Heri (1996) konsultieren. Die Daten, die wir hier verwenden, entstammen einer Langzeitstudie zur Performance an den Schweizer Kapitalmärkten von Wydler (1999).

Abbildung 2.1: Aktien versus Obligationen – Schweiz seit 1926

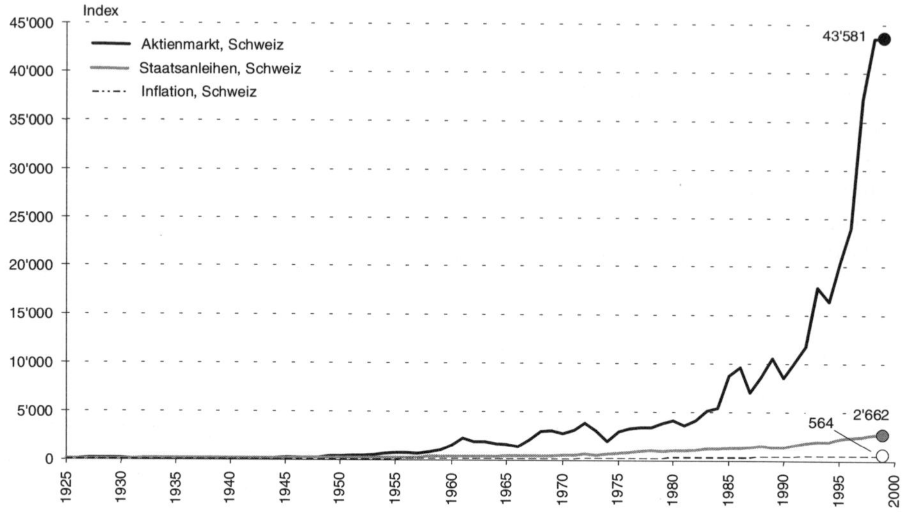

In Abbildung 2.1 wird ersichtlich, dass die 100 CHF, die im Jahre 1926 in den Schweizer Aktienmarkt investiert werden, 75 Jahre später einen Wert von rund 43'500 CHF aufweisen und sich die Obligationeninvestition auf einen Wert von rund 2'700 CHF beläuft. Diese Zahlen und die dazugehörige Grafik vermögen zu beeindrucken. Dazu gibt es natürlich einiges zu sagen. Zum einen müssen wir über so lange Zeitperioden auch die Inflationsraten in unsere Analyse mit einbeziehen, denn letztlich ist man ja daran interessiert, was unser Vermögen real (d.h. kaufkraftbereinigt) wert ist. Was nützt uns schliesslich ein Ertrag von 10% p.a., wenn die Preise um 20% p.a. ansteigen. Deswegen haben wir in der Grafik auch die Entwicklung des Preisindexes in der Schweiz eingetragen. Man sieht, dass der Preisindex über die gleiche Zeitperiode von 100 auf rund 560 Punkte ansteigt. Dies entspricht einer durchschnittlichen Inflationsrate von rund 2,5% p.a. Das heisst, dass unsere Aktieninvestition real einen Wert von rund 43'000 CHF und die Obligationeninvestition einen Wert von rund 2'100 CHF erreicht. Wichtig beim Einbezug der Inflationsrate ist die Tatsache, dass sich an der relativen Attraktivität von Aktien gegenüber von Obligationen praktisch nichts ändert, da ja beide Anlagen auf ähnliche Art und Weise von der Inflation betroffen sind.

Für Leute, die es gewohnt sind, Finanzgrafiken zu analysieren und zu interpretieren, liefert Abbildung 2.1 ein etwas bizarres Bild. Es entsteht nämlich der Eindruck, dass die letzten Jahre für die Entwicklung der Finanzmärkte und für die Performances der Anlagen sehr untypisch verlaufen, weil insbesondere im Aktienbereich die Preise geradezu zu explodieren scheinen, währenddem bis in die 60er Jahre praktisch nichts passiert. Dies ist aber eine Art optischer bzw. perzeptiver Täuschung und hat vor allem mit den Massstäben in der Grafik sowie mit der Tatsache zu tun, dass wir hier mit Zinseszinsfunktionen arbeiten. Aus diesem Grund hat es sich in der Finanzpraxis eingebürgert, mit so genannten logarithmischen Darstellungen zu arbeiten, die den Vorteil haben, dass in der gesamten Grafik die prozentualen Veränderungen optisch gleich dargestellt werden.[3]

In einer logarithmischen Darstellung sieht der Vergleich wie folgt aus:

Abbildung 2.2: Aktien versus Obligationen in der Schweiz seit 1926 (logarithmische Darstellung)

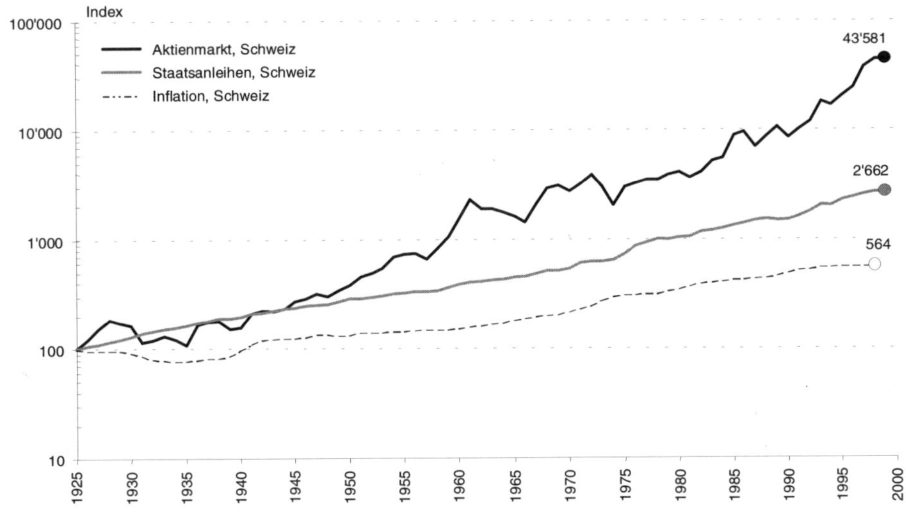

Die absoluten Zahlen, die unser Vermögen Mitte 1999 erreicht, sind natürlich dieselben: 43'600 CHF für Aktien und 2'600 CHF für Obligationen. Die Darstellung zeigt aber, dass auch in den Jahren vor 1970 schon einiges an Volatilität besteht und dass Aktienmärkte auch in dieser Zeit massiv von Rallyes und Crashs gekennzeichnet sind.

3 Man trägt bei der logarithmischen Darstellung der Tatsache Rechnung, dass eine Rendite von 10% auf einem Niveau von 200 (was einen Ertrag von 20 ergibt) in absoluten Zahlen geringer ist als die gleiche Rendite auf einem Niveau von 1000 (was einem Ertrag von 100 entspricht). Abbildung 2.1 vernachlässigt dies.

Wie auch immer die Darstellungen gewählt werden, ein Ergebnis kommt immer und in jedem Fall mit eindrücklicher Konstanz heraus: Die Vermögensentwicklung eines Schweizer Aktienportfolios ist längerfristig der Entwicklung eines Portfolios von Schweizer Obligationen weit überlegen. Wer langfristig spart und nur an den Erträgen interessiert ist, wird also wohl vor allem Aktien und nicht Obligationen halten wollen.

Nun könnte es ja sein, dass dies vor allem ein spezifisches Phänomen für die Schweiz ist. Dem widersprechen aber die Ergebnisse von Langzeitanalysen in andern Ländern deutlich. So existiert eine Langzeitstudie für die US-Märkte, die unsere obigen Ergebnisse für die Schweiz klar stützt. Man hat für die USA ein systematisches Datenset, das bis ins Jahr 1800 zurückreicht (SIEGEL 1998). Die Abbildung 2.3 enthält neben dem Konsumentenpreisindex, den Aktien und Obligationen auch noch den Goldpreis:

Abbildung 2.3: Aktien versus Obligationen in der Langzeitanalyse für die USA

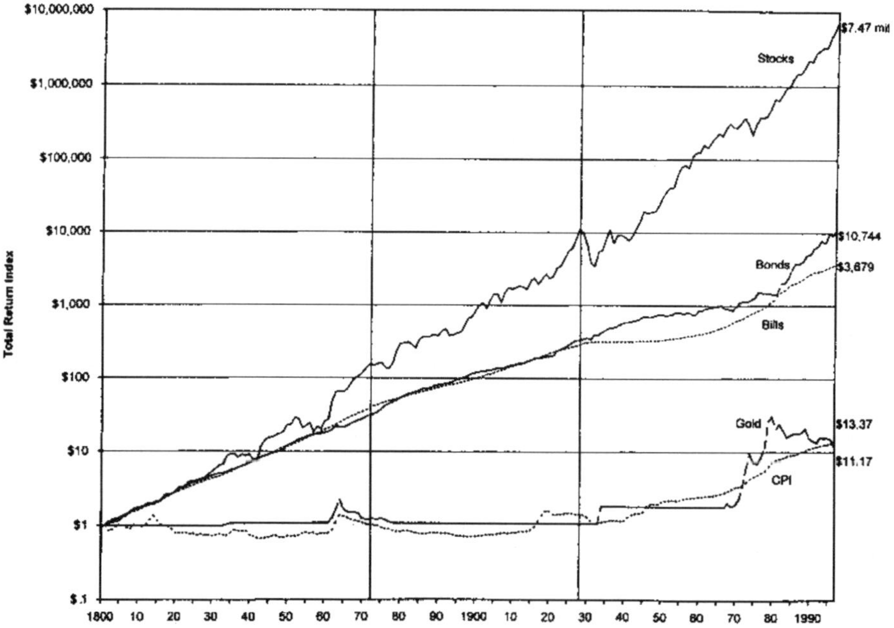

Quelle: J. J. SIEGEL (1998), Stocks for the Long Run, S. 11.

Die durchschnittlichen Ertragszahlen p.a. für die USA und die Schweiz sehen dann für die entsprechenden Perioden wie folgt aus:

Abbildung 2.4: Durchschnittliche langfristige Markterträge in der Schweiz und in den USA

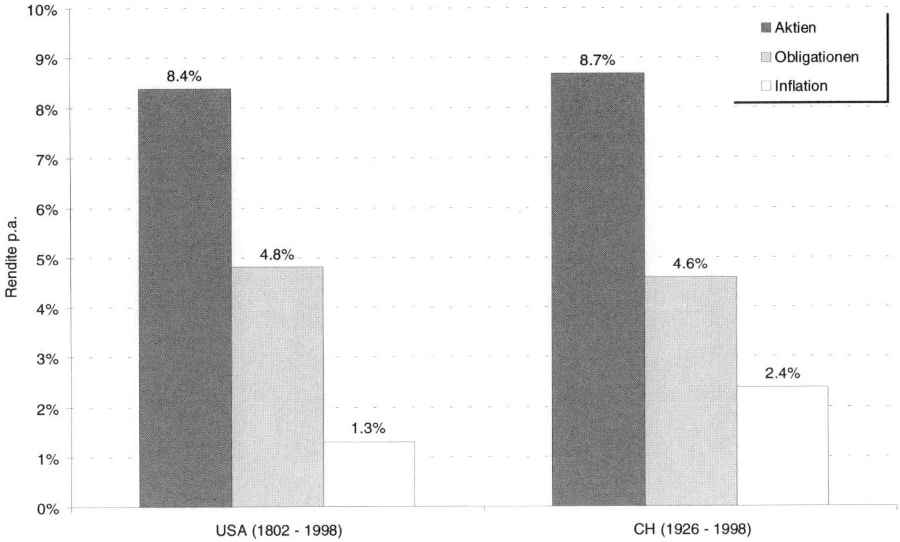

Wenn wir nicht über zwei Jahrhunderte gehen wollen, sondern uns eher für die letzten 40 Jahre interessieren, dann sehen die Zahlen für eine Reihe wichtiger Anlageländer wie folgt aus:[4]

4 Es gibt natürlich Länder, für welche solch lange Perioden wie für die Schweiz und die USA schlichtweg keinen Sinn machen. Beispiele hierfür sind Deutschland, wo in der Hyperinflation der 20er Jahre die Währung und damit auch die Obligationen völlig entwertet wurden, und Japan, wo in der Hyperinflation nach dem 2. Weltkrieg etwa das Gleiche geschah. Wichtig ist aber, dass Aktienengagements jeweils auch aus solchen Krisen wesentlich besser herausgefunden haben als Obligationen (vgl. SIEGEL 1998).

Abbildung 2.5: Durchschnittliche Erträge der wichtigsten Finanzmärkte seit 1960

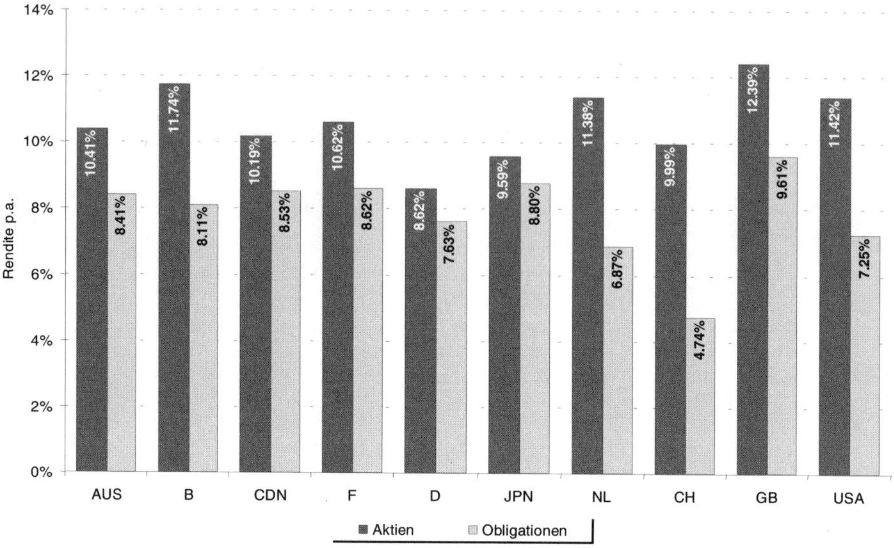

Die Darstellung enthält die durchschnittlichen Erträge p.a., die in den angegebenen Ländern (Australien, Belgien, Kanada, Frankreich, Deutschland, Japan, den Niederlanden, der Schweiz, Grossbritannien und den USA) über die letzten 40 Jahre erzielt wurden. Sie liegen im Aktienbereich zwischen 8,5% und 12,5% und bei den Obligationen zwischen 4,5% und 9,5%. In allen Ländern übertreffen die Aktienerträge die Obligationenerträge. Die Tatsache, dass die durchschnittlichen Aktienerträge p.a. bei rund 10% liegen, relativiert ein wenig die z.T. exorbitanten Gewinne, die wir in den letzten Jahren an den Aktienmärkten gesehen haben. Offensichtlich verdient man mit Aktien längerfristig zwischen 8% und 12% – ein Wert, der ja auch durch die sehr langfristigen Durchschnitte für die USA und die Schweiz bestätigt wird.

Natürlich gibt es auch zu diesen Zahlen einiges zu bemerken. Erstens arbeiten wir oben immer nur mit den Durchschnittswerten, d.h. mit den jeweiligen Indizes. Warum soll man aber mit den Indizes arbeiten, wenn man doch weiss, dass sich z.B. der Wert der Coca Cola-Aktie allein in den letzten 10 Jahren verzehnfacht hat oder dass die Kurse von Microsoft-Aktien über die gleiche Zeit von etwa 1 Dollar auf gegen 100 Dollar angestiegen sind. Der Durchschnitt kann doch wohl nicht das Mass aller Dinge sein? Wir werden uns weiter unten noch sehr intensiv mit dem Durchschnitt und mit seinen Eigenschaften in der Anlagepraxis beschäftigen und auch feststellen, dass die Indexperformance als Messlatte gar nicht so tief liegt. Unabhängig davon erlaubt uns aber die Verwendung der Indices einen einigermassen homogenen Vergleich von Aktienmärkten über die Zeit und über verschiedene Länder hinweg.

Wenn man die obigen Ertragszusammenstellungen (Abb. 2.5) sieht und zudem weiss, dass die meisten Anleger, die sich gezielt mit Kapitalanlage auseinandersetzen, in den meisten Fällen einen relativ langen Anlagehorizont haben – die entsprechenden langfristigen Durchschnittswerte können also für sie durchaus eine gewisse Relevanz beanspruchen –, dann erstaunt es schon ein wenig, dass sehr viele private Anleger in Kontinentaleuropa, aber auch viele institutionelle wie Versicherungen und Pensionskassen einen relativ geringen Aktienanteil in ihren Vermögen ausweisen. In den letzten Jahren hat sich dies zwar ein wenig geändert, aber noch immer sind die Aktienquoten vielerorts ausserordentlich niedrig.

Natürlich hat dieses Phänomen damit zu tun, dass viele Anleger bei ihren Dispositionen eben nicht nur die Verdienstmöglichkeiten betrachten, sondern auch die Anlagerisiken. In der Folge soll hierzu die Hypothese aufgestellt werden, dass die meisten Anleger von einem völlig falschen Risikobegriff ausgehen. Dazu ein paar Erläuterungen:

Als erstes wollen wir versuchen, den Begriff „Risiko" für die Kapitalanlage oder generell für die Finanzmärkte einigermassen operationalisierbar zu machen. Die nachfolgende Abbildung zeigt, wie sich unsere lange Datenreihe für Schweizer Aktien und Schweizer Obligationen präsentiert, wenn wir jetzt nicht einfach nur an der Kurs*entwicklung* interessiert sind, sondern an den jeweiligen Kurs*schwankungen.*

Wir errechnen, mit anderen Worten, wie sich der jeweilige Vermögenswert von Jahr zu Jahr verändert, indem wir annehmen, dass wir die Aktien bzw. die Obligationen jeweils am ersten Tag des Jahres kaufen und am letzten Tag desselben Jahres wieder verkaufen. Die prozentualen Kursveränderungen von Jahr zu Jahr sehen dann wie folgt aus:

Abbildung 2.6: Aktien versus Obligationen – Renditen p.a. für die Schweiz seit 1926

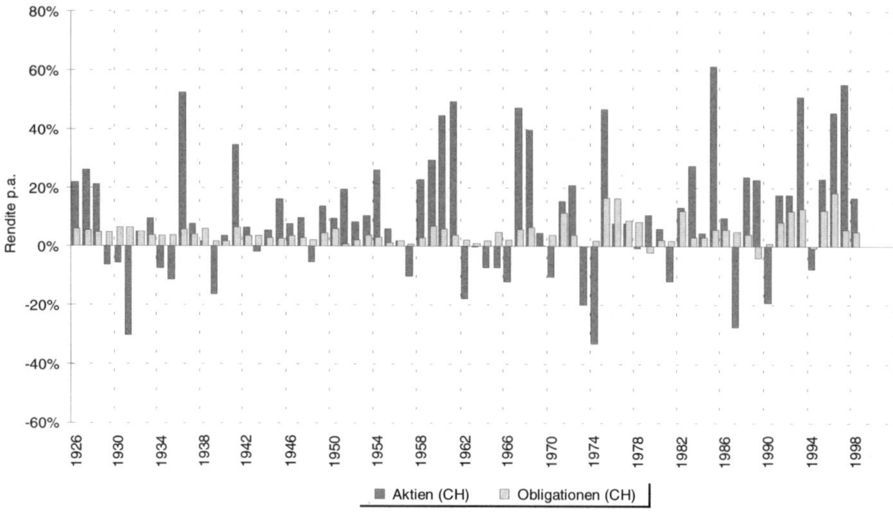

Es ist offensichtlich, das wir einzelne Jahre haben, in welchen in nur 12 Monaten gewaltige Verluste eingefahren werden. Diese Phasen datieren nicht nur in die Zwischenkriegszeit zurück. Auch in der ersten Hälfte der 70er Jahre haben wir z.B. zwei Jahre mit mehr als 20% Verlust; 1987 erhalten wir ein Minus von 30%, und auch 1990 verlieren wir rund 20% in nur einem Jahr. Natürlich sehen wir auch gewaltige Ausschläge nach oben: plus 60% im Jahre 1985, plus 50% 1993 und 1997. Aber Gewinne sind ja nicht die Ereignisse, die uns Angst machen, wenn wir über die Anlagestrategie bzw. deren Risiko nachdenken.

Die riesigen Schwankungen mit der immer vorhandenen Möglichkeit temporärer Verluste von 40% oder mehr sind wohl dafür verantwortlich, dass viele Leute davor zurückschrecken, grössere Aktienengagements ernsthaft in ihr Anlagekalkül einzubeziehen. Entgangene Opportunitäten werden dabei offensichtlich geringer gewichtet als mögliche kurzfristige Einbrüche.

Wir wollen in der Folge kurz darauf eingehen, wie solche Schwankungen in der Anlagepraxis analytisch aufgearbeitet werden. Die nachfolgende Abbildung zeigt ein so genanntes Histogramm der Kursveränderungen. Ausgegangen wird wiederum von unseren Daten von 1926 bis 1998. In dieser Darstellung wird nun aber – ausgehend von den effektiv erfolgten Kursschwankungen, wie sie oben in Abbildung 2.6 dargestellt werden –

untersucht, wie oft Kursveränderungen in einer gewissen Grössenordnung eintreten.

Abbildung 2.7: Aktien versus Obligationen – Histogramm der Aktienrenditen für die Schweiz seit 1926

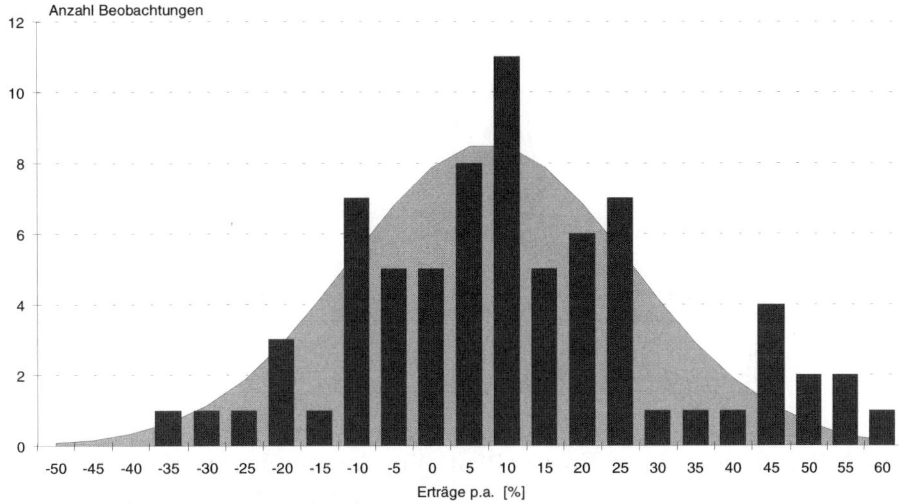

Das Histogramm zeigt, dass wir im negativen Bereich zwei Veränderungen von über 30% Verlust haben, drei Veränderungen im Bereich von -20% bis -25% etc. Im positiven Bereich erfolgen in vier einzelnen Jahren Gewinne zwischen 40% und 45% etc. Die meisten Ereignisse liegen aber in der Nähe des langfristigen Durchschnittswertes von rund 9%.

In der so genannten quantitativen Analyse wird oft davon ausgegangen, diese Erträge seien mehr oder weniger normalverteilt, d.h. folgten einer so genannten Gauss'schen Verteilung, die wir in der Abbildung 2.7 dunkel unterlegt haben. Es ist offensichtlich, dass die Verteilung nur eine sehr grobe Approximation der „Realität" darstellt, für gängige Analysen wohl aber vernünftig ist.

Wenn wir nun eine statistische Gauss'sche Kurve für unsere Daten errechnen, dann entsteht für Aktien und Obligationen folgendes Bild:

Abbildung 2.8: Aktien versus Obligationen – Gauss-Kurven für die Schweiz seit 1926

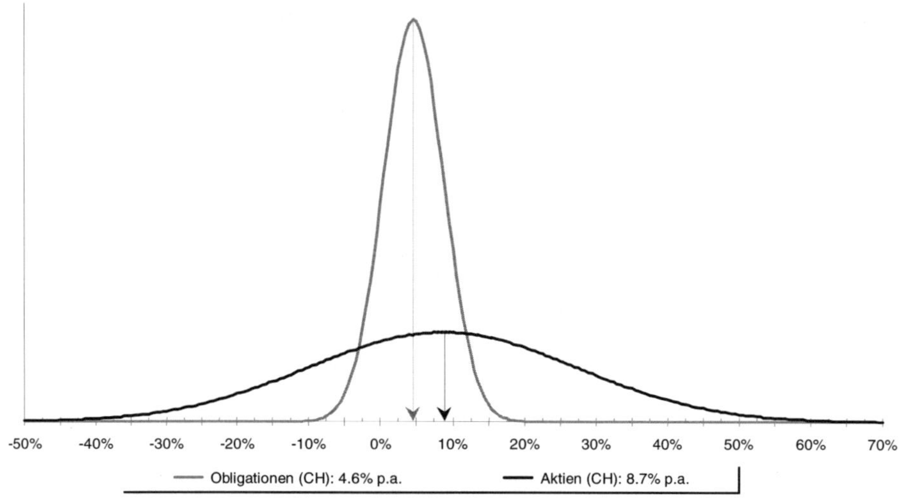

Die Mitte der jeweiligen Kurve (Pfeil) gibt den durchschnittlichen Ertrag p.a. an (Obligationen 4,6%, Aktien 8,7%), und die Breite der Verteilung zeigt, was man üblicherweise als Anlagerisiko bezeichnet (als Indikator dafür, was sowohl nach oben als auch nach unten eintreten kann).

Aus solchen Verteilungen, die wir als Wahrscheinlichkeitsverteilungen für bestimmte Ertragsraten interpretieren wollen, lassen sich interessante Schlüsse ziehen. Beispielsweise lässt sich direkt ablesen bzw. berechnen, wie gross die Wahrscheinlichkeit ist, dass man mit Aktien oder mit Obligationen in einem bestimmten Jahr Geld verliert:

Abbildung 2.9: Verlustwahrscheinlichkeit bei Investitionen in den Schweizer Aktienmarkt

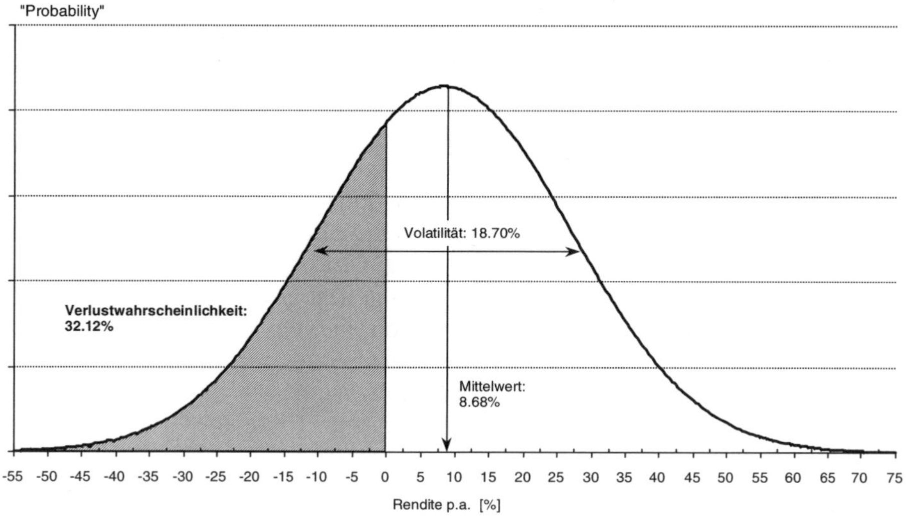

Die schraffierte Fläche in dieser Darstellung entspricht der Wahrscheinlichkeit eines negativen Jahresertrages. Die statistische Theorie lässt uns diese Fläche exakt berechnen[5], und wir kommen dabei auf eine Wahrscheinlichkeit von über 30%, mit einem Aktienportefeuille in einem einzelnen Jahr einen Verlust zu erleiden (die so genannte Ausfallwahrscheinlichkeit).

Unter dieser Prämisse erstaunt es kaum, dass viele Anleger keine besondere Lust verspüren, grössere Aktienpositionen für ihre Anlagestrategie aufzubauen. Die traditionelle Erklärung dafür lautet oft, dass man nicht wegen möglicher 4% Mehrertrag pro Jahr ein über 30-prozentiges Verlustrisiko eingehen will. Hinzu kommt, dass man das Gefühl hat, man könne ja mit Obligationen sowieso kein Geld verlieren, weil man sie im Allgemeinen bis zum Verfall halten würde.

In dieser Argumentation gibt es eine Reihe von Denkfehlern und Inkompatibilitäten, die wir hier aber nicht alle untersuchen wollen. Typisch ist jedoch, dass man das Risiko bei Obligationen intuitiv noch geringer einschätzt, als es eigentlich ist (mit der Argumentation, man würde sie bis zum Verfall halten). Ebenfalls ist typisch, dass man das *kurzfristige* Ak-

5 „Exakt" ist hier vielleicht ein etwas grosses Wort, wenn wir uns noch einmal vor Augen führen, dass die Normalverteilung die effektiven Erträge nur approximativ wiedergibt.

tienrisiko, wie wir es oben definiert haben, sehr stark gewichtet, obwohl man an und für sich bereit ist, langfristig zu investieren (sonst würde man ja auch nicht die Obligationen bis zum Verfall halten wollen). Das heisst aber, dass wir uns überlegen müssen, was mit dem Anlagerisiko geschieht, wenn wir a priori über einen längerfristigen Anlagehorizont verfügen.

Dieser Frage wollen wir in der Folge etwas stärker nachgehen. Der erste Problemkreis, der uns dabei interessiert, ist die Ursache für die starken Ausschläge an den Aktienmärkten. Warum steigt ein Aktienindex in einem Jahr um 30%, um im nächsten Jahr wieder 20% zu fallen? Anschliessend wollen wir untersuchen, ob die oben dargestellte Volatilität – oder eben diese Ausschläge – wirklich ein Indikator für das Risiko ist, das ein Anleger mit seinen Anlagen einzugehen gewillt ist, oder ob man vielleicht alternative Betrachtungsweisen entwickeln kann, die das subjektive Empfinden des individuellen Anlegers besser repräsentieren. Diese Überlegungen werden deutlich machen, warum wir das erste Kapitel dieses Buches mit „Trachten Sie nicht nach kurzfristigem Gewinn" überschrieben haben.

Zu den Ausschlägen am Aktienmarkt

Bekanntlich werden am Aktienmarkt Firmen bewertet und gehandelt. Dabei bezeichnet die Börsenkapitalisierung üblicherweise den Wert oder den Preis der Unternehmung. Errechnet wird die Börsenkapitalisierung durch Multiplikation der Anzahl ausstehender Aktien mit dem jeweiligen Kurswert. Von dieser Warte der fundamentalen Unternehmensbewertung aus erstaunt es schon ein wenig, wenn bei einem Kurseinbruch von z.B. 50% über ein paar Wochen oder Monate – Ereignisse, die auch bei absoluten Topunternehmen immer wieder vorkommen – sich der effektive Wert der Unternehmung innert kürzester Zeit halbiert haben soll.

Nun werden aber am Aktienmarkt nicht nur Unternehmen gehandelt, sondern auch und vor allem Informationen und Erwartungen. Dass dem so ist, weiss jeder, der in den letzten Jahren ein wenig in die Wirtschaftspresse geschaut hat. Täglich, wenn nicht stündlich (das Internet lässt grüssen!) werden hier die neuesten Meldungen von der Wirtschafts- und der Unternehmensfront auf ihre Bedeutung für die Aktienkursentwicklung hin untersucht und haben dann natürlich auch entsprechende Auswirkungen – ob gerechtfertigt oder nicht.

Die nachfolgende Karikatur versucht in durchaus ernst gemeinter Art und Weise wiederzugeben, was an diesen Märkten passiert:

I' VE GOT A STOCK HERE THAT COULD REALLY EXCEL
REALLY EXCEL ?
EXCEL ?
SELL ?
SELL ?
SELL !
SELL !
SEL
SELL !

SELL !
SELL !
THIS IS MADNESS ! I CAN' T TAKE ANYMORE
GOOD BYE !
GOOD BUY ?
BUY ?
BUY ?
BUY !
BUY
BUY !!
BUY !!
BUY !!
I'VE GOT A STOCK HERE THAT COULD REALLY EXCEL

Wir befinden uns auf einer Party (vielleicht auf der täglichen „Börsenparty“). Ganz links telefoniert ein Mann, der wohl gerade irgendwelche Informationen bekommen hat, mit seinem Broker: „I've got a stock here, that could really excel!“ Beim vierten Anwesenden angelangt, klingt die Information schon eher wie „sell“ und ganz rechts herrscht bereits Verkaufseuphorie.

Die Party ist aber noch nicht zu Ende.

Ein Mann, der sich über die Verkaufseuphorie ärgert, greift sich an den Kopf und sagt: „This is madness, I can't take anymore. Good Bye !“

Klingt „Good bye“ nicht wie „Good buy“? Und schon entsteht Kaufseuphorie. Der Herr, der vorher die Verkaufsstimmung ausgelöst hat, reagiert auf diese Einschätzung der Lage und ruft wiederum seinen Broker an: „I've got a stock here ...“. Damit sind die Voraussetzungen für einen erneuten Kreislauf gegeben.

Wie jede Karikatur enthält auch diese Darstellung eine gehörige Portion Wahrheit, und zwar über die Art und Weise, wie die Finanzmärkte funktionieren. Das ist durchaus nicht abwertend gemeint, denn die Karikatur widerspricht nicht grundsätzlich den Erkenntnissen, die die wissenschaftliche Forschung der letzten Jahrzehnte über die Funktionsweise hochorganisierter Finanzmärkte gewonnen hat, auch wenn sie gelegentlich zu anderen Interpretationen verwendet wird (z.B. The Baltimore Sun, St. Galler Tagblatt u.v.a.).

Zwei Elemente, die wir im 5. Kapital „Märkte wissen ziemlich viel“ detaillierter kommentieren werden, wollen wir hier kurz erwähnen. Erstens die Tatsache, dass jegliche Information, die irgendeine Preisrelevanz beanspruchen darf, sich im Preis niederschlägt (im übertragenen Sinne gibt es laufend irgendwelche Telefonate); und zweitens, dass sich diese Information ohne Verzögerung in den Preisen niederschlägt. Und schliesslich ist für kleinere Anleger wohl auch von Bedeutung, dass für Informationen keine Ausschlussrestriktionen gelten. Jeder ist willkommen, an den heutigen Märkten hat praktisch jeder zugleich Zugang zu jeder veröffentlichten Information. Dies ist ein wichtiger Aspekt für private Anleger, die ja oft das Gefühl haben, die institutionellen oder sonstigen Grossanleger wären diejenigen, die immer zuerst eine preisrelevante Information erhielten und dann noch rasch die „Schnäppchen“ machen könnten, bevor die privaten Anleger kämen, für die nur noch die Brosamen vom Tisch der Grossen übrig blieben.

Nun führt aber im Normalfall eine neue, preisrelevante Information nicht einfach zu einem kontinuierlichen Preisanstieg oder Preiszerfall, der dann eine Weile anhält. Die neu hereinkommende Preisinformation (Ankündigung einer Akquisition, eines Mergers oder auch nur eine Gewinnwarnung) löst eine sofortige Neubewertung eines Titels und damit einen mehr oder weniger einmaligen Kurssprung aus. Bei einer besonders positiven Meldung wird ja niemand mehr bereit sein, das entsprechende Wertpapier im Bereich des „alten“ Preises zu verkaufen, wenn er weiss, dass der Preis noch steigt. Also wird das nächste Geschäft erst dann zustande kommen, wenn sich alle mehr oder weniger einig sind, wie ein Titel neu zu bewerten ist.

Das heisst, dass der Preisbildungsprozess im Prinzip – auch wenn man ihn immer so schön als kontinuierliche Kurve zeichnet – völlig diskontinuierlich verläuft und nichts anderes als eine Aneinanderreihung diskontinuierlich entstehender Erwartungsgleichgewichte ist, die mehr oder weniger zufällig zustande kommen. In der akademischen Literatur wurde der Begriff „Random Walk“ geprägt, um dem zufälligen Charakter der Aktienpreisentwicklung Rechnung zu tragen.

Dieser Prozess – d. h. die laufende Neubewertung von Aktien und damit von ganzen Unternehmungen – ist die Basis für die kurzfristigen Schwankungen, die sich z. B. auch in Abbildung 2.6 zeigen. Die grossen Sprünge sind ein Indikator dafür, wie gross die Unsicherheit über die Bedeutung einer neuen Information für die längerfristige Entwicklung einer Unternehmung und damit des Aktienkurses ist.

Auf längere Sicht sind die meisten Informationen (oder zumindest deren kurzfristige Interpretationen) aber irrelevant, und dementsprechend spielen die kurzfristigen Schwankungen für einen vernünftigen Anlageprozess im Prinzip keine Rolle. Oder um es noch etwas prägnanter auszudrücken und um noch stärker auf das Thema unseres Kapitels einzugehen: Wenn die kurzfristigen Schwankungen der Aktienkurse in erster Linie auf mehr oder weniger zufällig zustande kommende Erwartungsgleichgewichte zurückzuführen sind, dann macht es wohl auch keinen Sinn, aufgrund irgendwelcher kurzfristiger Handelsstrategien Geld verdienen zu wollen.

Tatsächlich machen die meisten Leute, die mit irgendwelchen kurzfristigen Strategien an den Finanzmärkten reich zu werden versuchen, eher schlechte als gute Erfahrungen.[6] Wir werden auf verschiedene Argumente,

6 Natürlich gibt es hierzu ziemlich viel Evidenz, die aber oft relativ unsystematisch zusammengetragen ist. Eine systematische Aufarbeitung des Themas bieten BARBER/ODEAN (1999) in einem Artikel, den sie sinnigerweise mit „Trading is Hazardous for your Wealth“ betiteln. Dort wird über die Erfahrungen von über 65’000 Haushalten berichtet, die relativ aktives Trading am Aktienmarkt betreiben. Der Titel fasst die Ergebnisse besser zusammen, als wir dies hier tun könnten.

die gegen einen kurzfristigen Aktivismus an den Finanzmärkten sprechen, weiter unten erneut zu sprechen kommen.

Zum Anlagehorizont

Als nächstes wollen wir die Frage nach dem Anlagehorizont und damit indirekt auch diejenige nach der Relevanz der in Abbildung 2.8 dargestellten Gauss'schen Verteilung der *jährlichen* Schwankungen der Aktienkurse diskutieren. Wir haben bereits verschiedentlich betont, dass Aktien grundsätzlich für eine langfristige Anlage gedacht sind. Oft versucht man dies auch mit folgendem Bild zu exemplifizieren: Aktien kauft man an einem bestimmten Tag (an welchem werden wir später noch sehen), verstaut sie (natürlich im übertragenen Sinne) in einen Sack und stellt dann den Sack für ein paar Jahre in die Ecke, um sich danach (hoffentlich) am Inhalt zu erfreuen. Das zeigt noch einmal, dass kurzfristige Ausschläge, die, wie wir oben gesehen haben, durch mehr oder weniger zufällige Veränderungen von Erwartungsgleichgewichten entstehen, in diesem Kontext irrelevant sind. Es zeigt aber auch, dass ein Anleger, der den Sack nicht einige Jahre in die Ecke stellen kann, der also keinen langen Anlagehorizont hat, sich im Prinzip keine Aktien zulegen sollte. Wir haben gesehen, wie stark sich Aktienkurse von einem Jahr zum anderen verändern können. Wenn man weiss, dass man einen bestimmten Betrag in 6 oder 12 Monaten für klar definierte Ausgaben benötigt, dann sollte man wohl eher nicht in Aktien investieren. Gelder, die hingegen dem längerfristigen Vermögensaufbau oder gar dem langfristigen Vorsorgesparen dienen (Sicherung einer grösseren Einkommens- oder Vermögensposition für die Zeit nach der Pensionierung), sind klare Kandidaten für eine Aktienanlage. Übrigens zeigen empirische Studien, dass ein Grossteil der Gelder, die landläufig gespart werden, im Nachhinein einen wesentlich längeren Anlagehorizont aufweisen als ursprünglich angenommen. Das heisst, dass die meisten Anleger im Prinzip eine viel höhere Risikoneigung aufweisen, als sie sich im Normalfall selber zugestehen.

Des Weiteren gilt es hier den oft gehörten Denkfehler zu korrigieren, dass institutionelle Anleger wie Pensionskassen und Versicherungen einen längeren Anlagehorizont hätten als die privaten Anleger. Grundsätzlich ist die Überlegung zwar richtig, weil viele dieser Gelder ja expliziten Vorsorgecharakter haben. Auf der anderen Seite sind diese Unternehmen in ein ganzes Netz von Regulierungen eingebunden, die in Wirklichkeit ihren Anlagehorizont verkürzen. Eine dieser Regulierungen bezieht sich beispielsweise auf die Buchführung mit dem Zwang, jeweils per 31. Dezember eines Jahres einen Finanzabschluss zu präsentieren und revidieren zu lassen. Genau dies führt aber dazu, dass diese Institute im Prinzip einen 1-jährigen Anlagehorizont haben und deswegen in den letzten Jahren teilweise noch konservativer anlegen mussten als viele private Anleger. Dass dies zu Effizienzverlusten geführt und gewaltige Ertragsopportunitäten bei der Kapitalanlage verhindert hat, ist seit langem bekannt, aber in der politischen Diskussion, beispielsweise um die Reform der Rentensysteme, noch kaum aufgegriffen worden.[7]

Institutionelle Anleger weisen also nicht per se einen längeren Anlagehorizont auf als private Anleger – oft ist tatsächlich eher das Gegenteil der Fall.

Zum Risikokonzept

Wenn wir einen längerfristigen Anlagehorizont annehmen, spielt die Gauss'sche Kurve, die wir aus den *jährlichen* Kursveränderungen errechnet haben, eine wesentlich geringere Rolle, weil uns dann beispielsweise das „Katastrophenereignis" des Jahres 1990 (-20%) nicht gross zu kümmern braucht (wir haben ja den Sack nicht aus der Ecke genommen). In der Tat bescheren uns die nachfolgenden drei Jahre Gewinne von 18% (1991 sowie 1992) und 46% (1993), was, nota bene, über die gesamten 4 Jahre einer Performance von rund 50% entspricht.

Betrachten wir in der Folge die Entwicklung unserer Gauss'schen Kurve (des traditionellen Risikokonzeptes), wenn wir längere Anlagehorizonte voraussetzen. Wir sehen uns ab 1926 nicht mehr jedes Jahr einzeln an, sondern jeweils sich nicht überlappende Anlageperioden von zwei, drei u.s.w. bis zu zehn Jahren. Die 2-jährige Periode zeigt uns dann, wie die jährliche Rendite und die jährliche Standardabweichung einer Investition ausfällt, die von Anfang 1926 bis Ende 1927, dann von Anfang 1928 bis Ende 1929 u.s.w., schliesslich bis Ende 1998 dauert. Der durchschnittliche Ertrag p.a. ist dabei natürlich für alle Anlagehorizonte gleich (8,7%). Die Entwicklung der Gauss'schen Kurve und die entsprechenden Zahlen für Investitionen von 1 bis 10 Jahren sieht aber wie folgt aus:

7 Vgl. als interessante Zusammenstellung zu diesem Problem ZENGER (1992, 1994).

Abbildung 2.10: Volatilitäten ausgewählter Anlagehorizonte

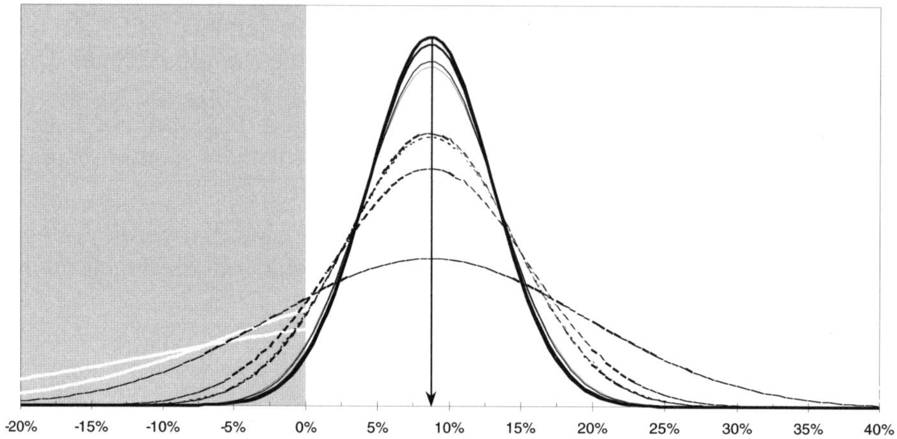

Anlagehorizont	durchschnittlicher Ertrag $R_{CH\ Equ.}$	Effektive Volatilität s	theoretische Volatilität s_{th}	Vola-Relation s/s_{th}	effektives Verlustrisiko $R_{CH} < 0$
1	8.68%	18.70%	18.70%	1.000	32.12%
2	8.68%	13.38%	13.22%	1.012	25.82%
3	8.68%	9.72%	10.80%	0.900	18.58%
4	8.68%	5.85%	9.35%	0.626	6.89%
5	8.68%	6.71%	8.36%	0.802	9.78%
6	8.68%	5.93%	7.63%	0.777	7.16%
7	8.68%	4.63%	7.07%	0.656	3.05%
8	8.68%	4.42%	6.61%	0.668	2.47%
9	8.68%	4.32%	6.23%	0.694	2.24%
10	8.68%	4.71%	5.91%	0.796	3.26%

Offensichtlich nähert sich die Verteilung mit zunehmendem Anlagehorizont immer mehr an den Erwartungswert (die durchschnittliche Rendite p.a.), was bedeutet, dass die Schwankungsrisiken mit steigender Anlagedauer immer kleiner werden.

Wichtiger als das eigentliche Schwankungsrisiko ist aber wohl für viele Anleger etwas ganz anderes, nämlich das Risiko, überhaupt Geld zu verlieren. Viele Leute betrachten also nicht die Standardabweichung (die Breite der Gauss'schen Kurve) als das für sie relevante Anlagerisiko, sondern vielmehr die Wahrscheinlichkeit, über einen bestimmten Anlagehorizont Verluste zu erleiden (die so genannte *Ausfallwahrscheinlichkeit* oder *Shortfall-Risiko*). In der Gauss'schen Kurve ist dies die Wahrscheinlichkeit, links vom Null-Ertrags-Punkt zu liegen zu kommen. Im Zusammenhang mit Abbildung 2.9 haben wir bereits erwähnt, dass es sich dabei um die Fläche unter der Normalverteilung links vom Nullpunkt handelt. Die Short-Fall-Probabilität ist in der letzten Kolonne der Abbildung 2.10 (effektives Verlustrisiko, R<0) eingetragen.

Es ist offensichtlich, was mit dem Anlagerisiko im Rahmen dieser neuen Definition geschieht: Mit zunehmendem Anlagehorizont nimmt die Verlustwahrscheinlichkeit ab, d.h. das Risiko, nach Ablauf der Haltedauer „unter Wasser" zu sein. Und zwar reduziert sich das Anlagerisiko bei zunehmendem Anlagehorizont deutlich. Bei einer Haltedauer von einem Jahr beträgt die Wahrscheinlichkeit, in einem einzelnen Jahr Geld zu verlieren, rund 33% (vgl. Abb. 2.9). Bei einem Anlagehorizont von 5 Jahren vermindert sich die Verlustwahrscheinlichkeit auf noch knapp 10%. Ein 10-jähriger Anlagehorizont verursacht ein Risiko von lediglich rund 3%. Der durchschnittliche Ertrag p.a. bleibt bei allen Anlagehorizonten natürlich gleich.

Wir haben in Abbildung 2.10 neben der effektiven Volatilität auch berechnet, wie die theoretische Volatilität ausschauen müsste, wenn wir in der oben erwähnten Random-Walk-Welt leben würden. In diesem Fall liesse sich nämlich nachweisen, dass sich die Standardabweichung für zunehmende Anlagehorizonte von z.B. 1 bis n Jahren mit der Quadratwurzel von n in die Zukunft fortpflanzen würde. Wir haben diese Grösse in der vierten Kolonne (theoretische Volatilität) der Tabelle eingetragen. Und schliesslich zeigt dann die fünfte Kolonne, dass die effektive Volatilität über praktisch alle Anlagehorizonte kleiner ist als die (in einer perfekten Random-Walk-Welt) theoretisch zu erwartende Volatilität.

Dieses Ergebnis wird üblicherweise als Evidenz *gegen* die Random-Walk-Hypothese an den Aktienmärkten gewertet und als Hinweis darauf betrachtet, dass es einen zugrunde liegenden fundamentalen Gleichgewichtsprozess gibt, der die längerfristige Entwicklung der Aktienmärkte steuert. Des Weiteren weisen solche Ergebnisse darauf hin, dass damit gerechnet werden kann, dass bei Abweichungen die Aktienmärkte längerfristig wieder zum Gleichgewicht zurückkehren (sog. Mean Reversion).[8] Wir werden auf die Möglichkeit solcher fundamentaler Gleichgewichte weiter unten noch einmal zu sprechen kommen.

Wenn man sich mit dem statistischen Konzept der Normalverteilung nicht anfreunden kann oder das Gefühl hat, die Normalverteilung würde die Realität (wegen der in Abbildung 2.7 dargestellten Ausreisser, den so genannten „fat tails") nicht adäquat genug beschreiben, dann lassen sich diese so genannten Zeithorizonteffekte auch mit einfacheren Ansätzen

8 Vgl. hierzu auch Siegel (1998), S. 32 ff.

erklären. Beispielsweise kann man untersuchen, wie sich über verschiedene Anlagehorizonte die besten bzw. die schlechtesten Ertragsergebnisse unterschiedlicher Anlagemedien präsentieren. Eine solche Darstellung sieht folgendermassen aus:

Abbildung 2.11: Best-Worst-Strategien für die Schweiz – Aktien versus Obligationen seit 1926

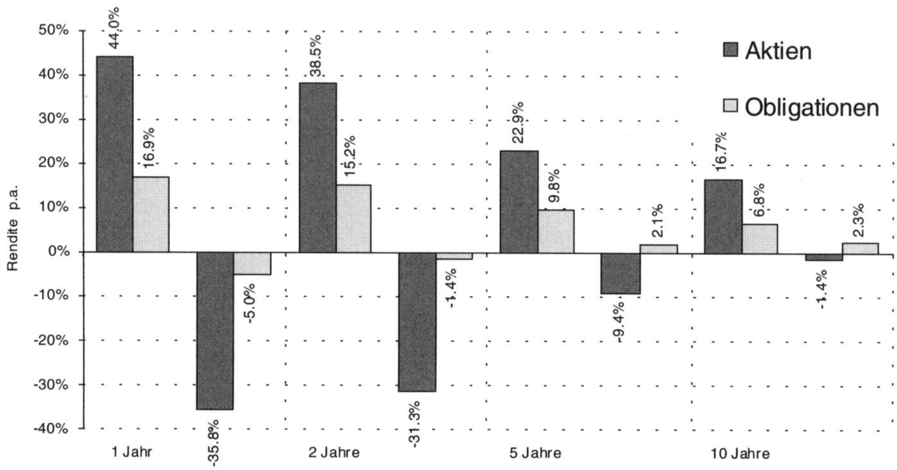

Die vier Balken im Segment ganz links enthalten das schlechteste und das beste Ertragsergebnis bei 1-jähriger Halteperiode für Aktien und Obligationen aufgrund der Schweizer Daten von 1926 bis 1998. Dies sind natürlich dieselben Zahlen, die wir auch der Abbildung 2.6 entnehmen können. Das beste Aktienjahr bringt rund 45% Gewinn, das schlechteste rund 36% Verlust (Datenset auf der Grundlage logarithmischer Erträge). Das beste Obligationenjahr liegt bei plus 18%, das schlechteste bei minus 5%. Wenn wir nun die Halteperioden von einem Jahr über zwei, fünf bis auf zehn Jahre erhöhen, dann sieht man, wie die besten und schlechtesten Ergebnisse langsam konvergieren (und bei einer Halteperiode von 70 Jahren natürlich dem Durchschnitt entsprächen). Wichtig ist in unserem Kontext aber, dass das schlechteste 10-Jahresergebnis auch für Aktienengagements fast bei null liegt, was nichts anderes bedeutet, als die oben im Zusammenhang mit der Normalverteilung bereits geäusserte Sicht richtig ist. Bei 10-jährigem Anlagehorizont wird das Risiko, mit Aktien Geld zu verlieren, sehr gering.

Auch dieses Ergebnis wollen wir wieder mit empirischer Evidenz für eine Reihe anderer Länder sowie anderer Zeitintervalle untermauern. Die nachfolgende Abbildung zeigt die besten und schlechtesten Erträge für die USA anhand der Daten, die bis 1800 zurückreichen. Da uns hier annähernd 200 Jahre zur Verfügung stehen, können natürlich auch längere Zeithorizonte bzw. Anlageperioden untersucht werden. Wie SIEGEL untersuchen wir Halteperioden von bis zu 30 Jahren. Die Ergebnisse sehen wie folgt aus:

Abbildung 2.12: Best-Worst-Strategien USA – Aktien versus Obligationen seit 1800

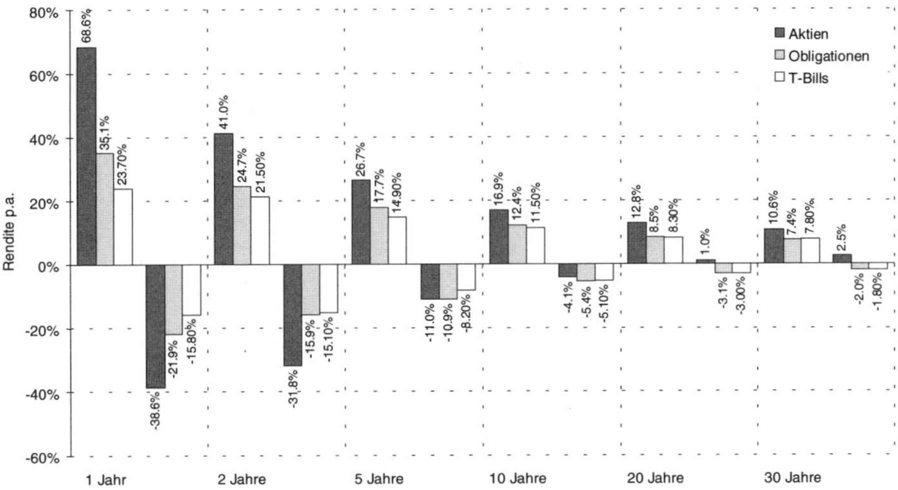

Quelle: J. J. SIEGEL (1998), Stocks for the Long Run, S. 27.

Qualitativ kommt man zum gleichen Ergebnis. Die Ausschläge reduzieren sich mit zunehmender Anlagedauer. Bei einer Haltedauer von 10 Jahren ist das Risiko, mit Aktien noch Geld zu verlieren (wie im Falle der Schweiz), sehr gering. Interessant ist, dass das Verlustrisiko bei Aktien gänzlich verschwindet, wenn wir auf 20 und mehr Jahre Haltedauer gehen.

Um noch etwas breitere Evidenz zu gewinnen, haben wir das „Best-Worst-Exerzitium" auch noch mit den Aktienmarktdaten durchgerechnet, die der Abbildung 2.5 zugrunde liegen, d.h. mit den Daten von 1960 bis 1998 für die Länder Australien, Belgien, Kanada, Frankreich, Deutschland, Japan, Niederlande, Schweiz, Grossbritannien und USA. Die Ergebnisse finden sich in Abbildung 2.13.

Abbildungen 2.13: Best-Worst-Strategien in ausgewählten Aktienmärkten seit 1960

Australien

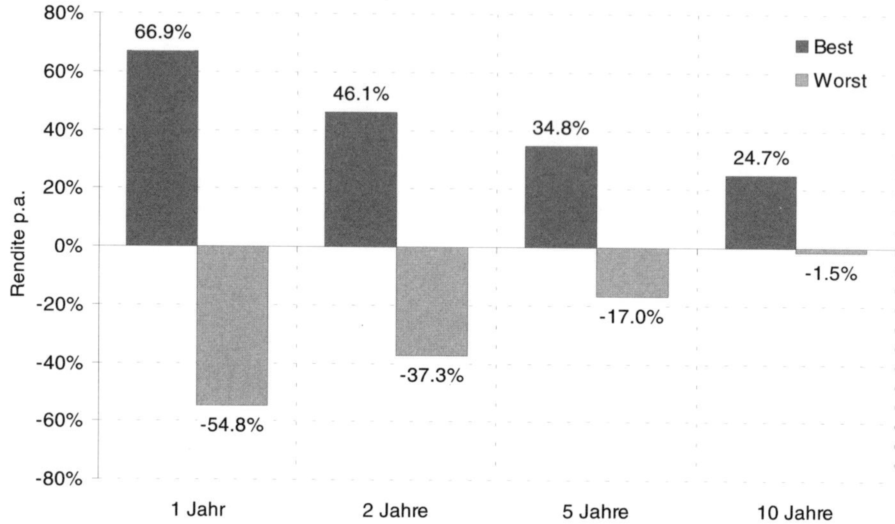

Belgien

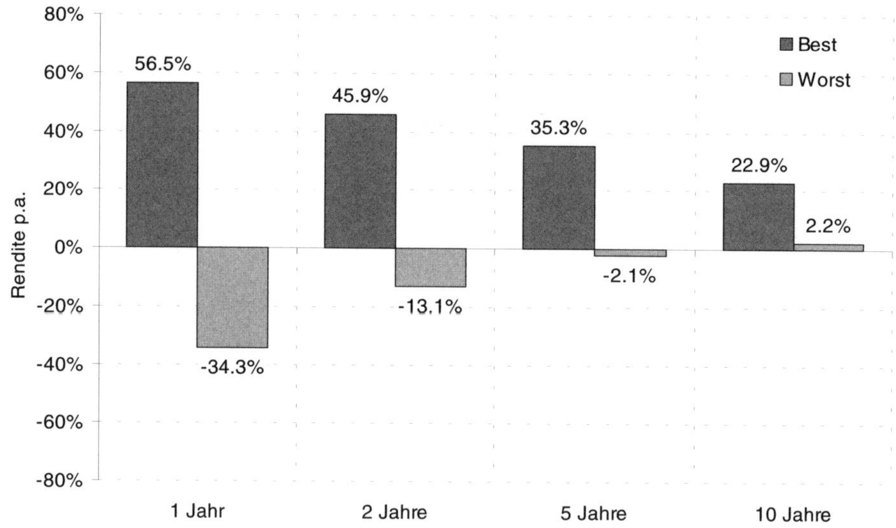

Deutschland

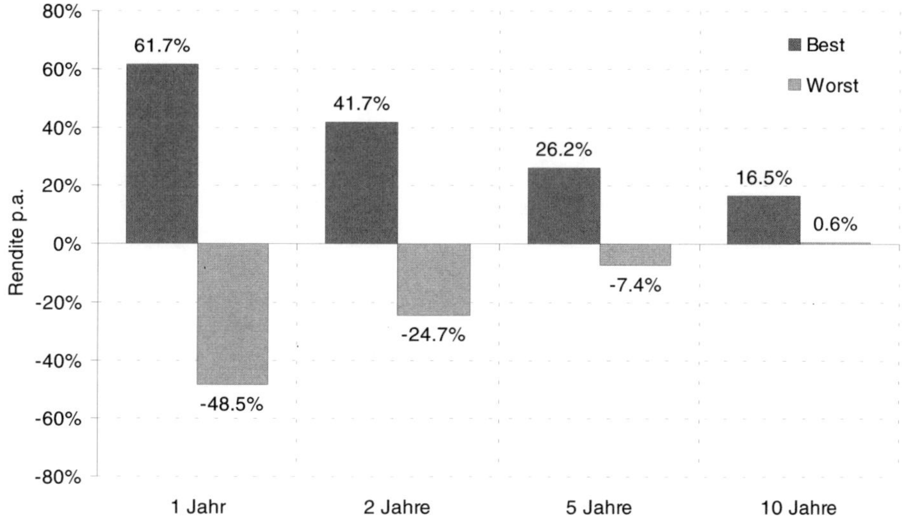

England

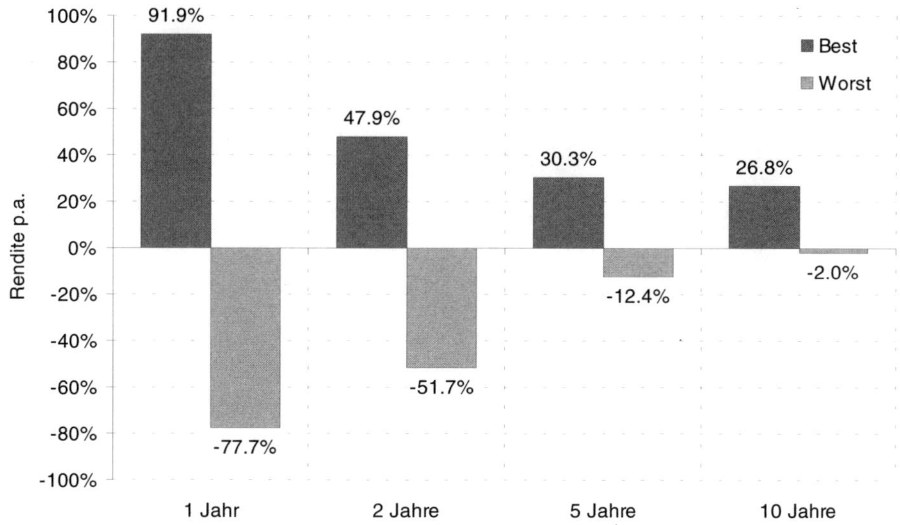

Frankreich

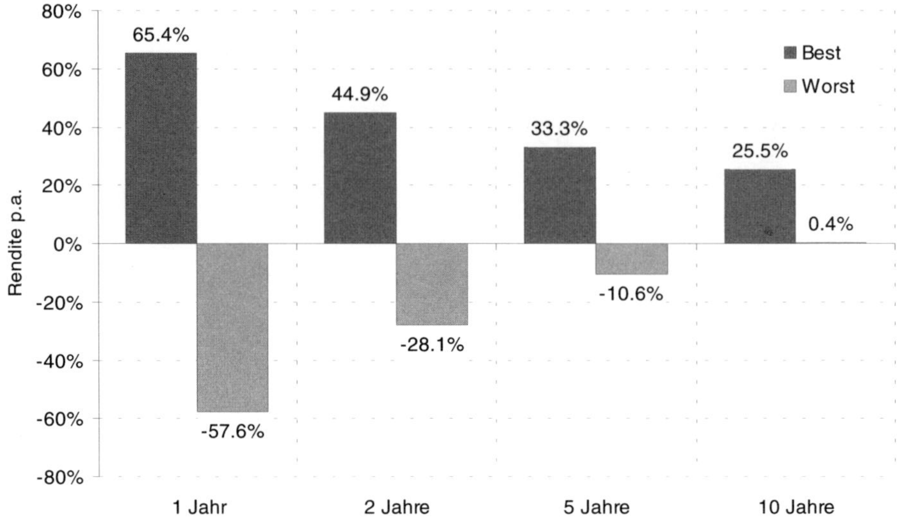

Niederlande

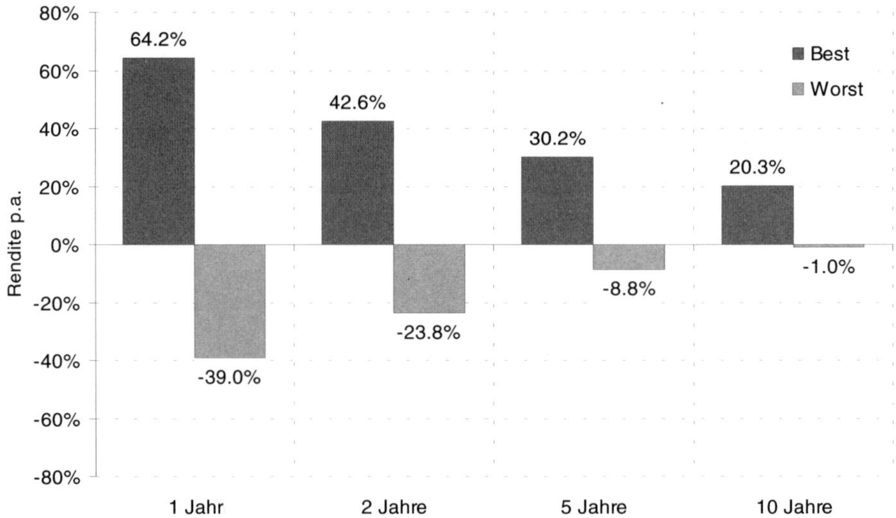

Japan

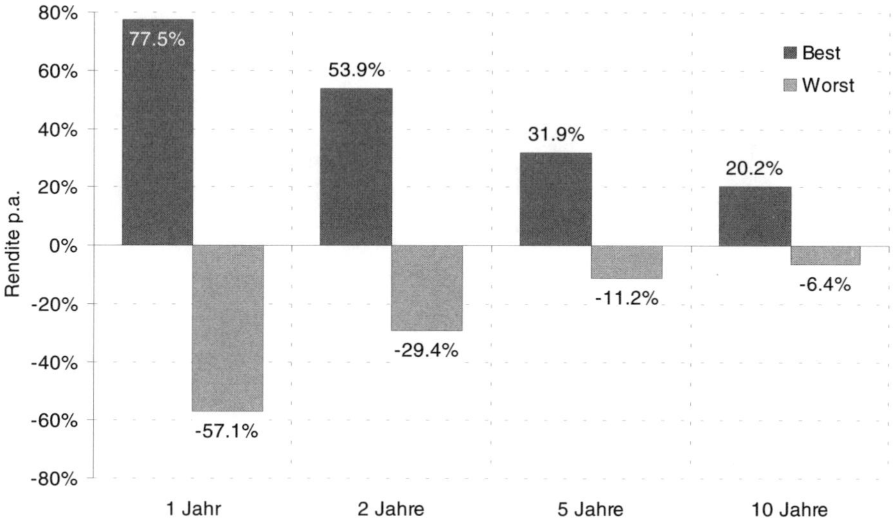

Kanada

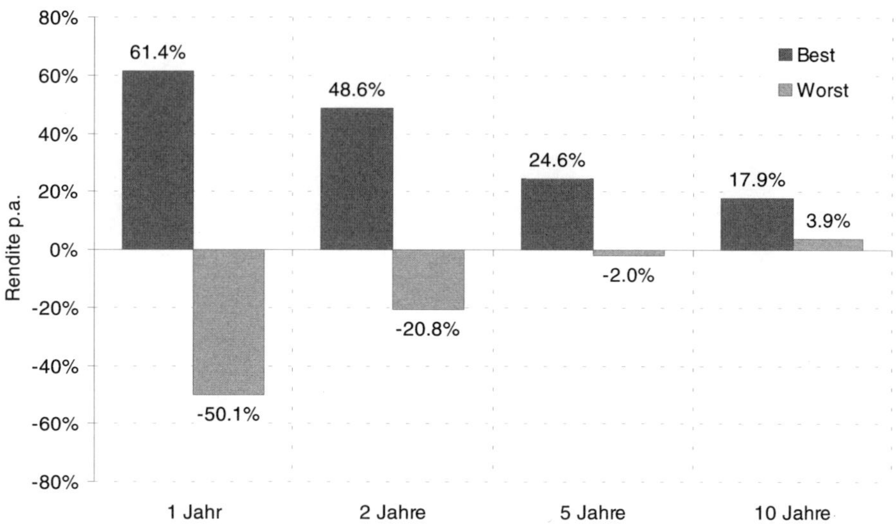

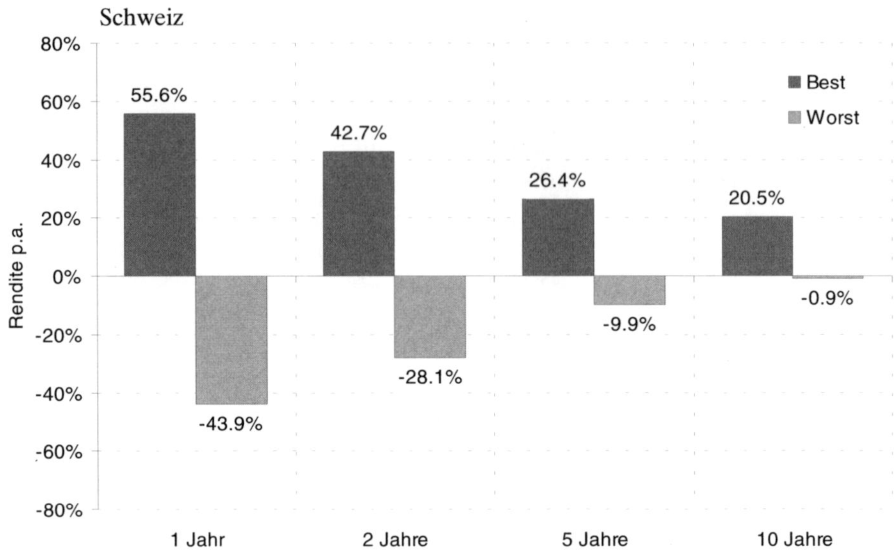

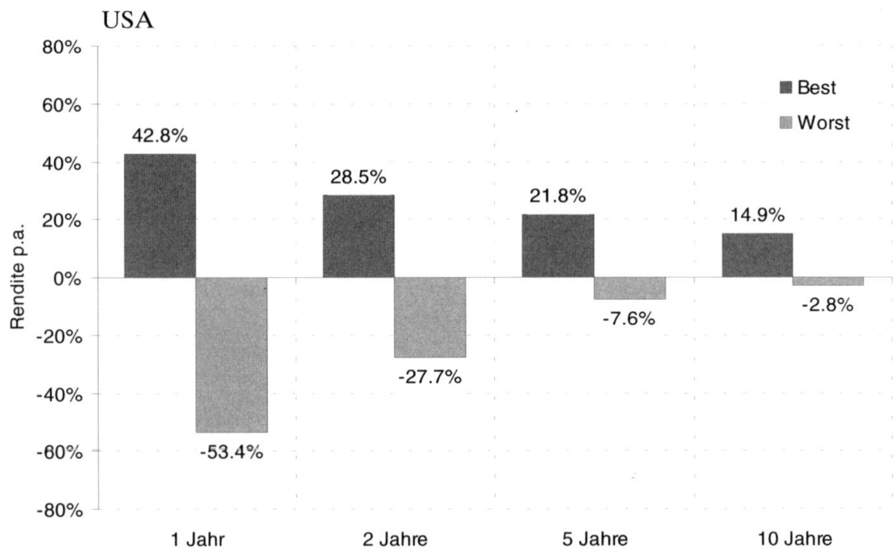

Die Ergebnisse sind qualitativ wiederum identisch. In praktisch allen Ländern verschwindet das Risiko, mit Aktien bei 10-jähriger Haltedauer überhaupt Geld zu verlieren, beinahe ganz.

Solche Zeithorizonteffekte sind ausgesprochen interessant und bringen durchaus neue Elemente in die Anlageberatung. Noch interessanter scheint aber die Tatsache, dass die Portfoliotheorie und damit natürlich auch die Anlageberatung diese Effekte jahrelang unberücksichtigt gelassen hat. Allzu lange hat man sich darauf beschränkt, Optimierungskalküle unter Verwendung sehr einfacher und in der Regel zeithorizontunabhängiger Parameter vorzunehmen. Wir können hier nur SIEGEL (1998) beipflichten, der in einem ähnlichen Kontext sagt: „Given these striking results, it might seem puzzling why the holding period has almost never been considered in portfolio theory.“ (S. 37).

Allerdings muss man auch sehen, dass die moderne Portfoliotheorie eben in der oben kurz erwähnten Random-Walk-Welt entstanden ist, in welcher alle Aktienkursveränderungen unabhängig von irgendwelchen Zeithorizonten als reine Zufallsprozesse gelten. Bei dieser Betrachtungsweise ist es, wie Paul SAMUELSON schon 1963 gezeigt hat, theoretisch richtig, das Risiko mit der Varianz (oder der Standardabweichung) der Renditen einer Anlage gleichzusetzen. Im Jahre 1989 ist allerdings auch SAMUELSON zur Ansicht gelangt, dass dieses Theoriegebäude wohl nicht imstande ist, die Realität adäquat abzubilden, weil sich der durchschnittliche Investor nicht für irgendein symmetrisches Risikomass wie die Varianz oder die Standardabweichung der Erträge interessiert, sondern vielmehr für das Erreichen einer bestimmten durchschnittlichen Mindestrendite oder überhaupt für das Verhindern von Verlusten[9].

Natürlich ist die Random-Walk-Euphorie, die die wissenschaftliche Finanzmarktforschung der 70er und 80er Jahre geprägt hat, aus damaliger Sicht durchaus nachzuvollziehen. Nicht zuletzt waren damals ja auch orthodoxe Lehrmeinungen zu überwinden, die sich nur schwer mit den neuen Methoden der Ökonometrie vereinbaren liessen. Davon ganz abgesehen, stellten die Zeitreihen, die die Finanzmärkte den datengierigen jungen Wissenschaftlern damals lieferten, ein phantastisches Betätigungsfeld für die neu aufkommende Zeitreihenanalyse dar. Und dann muss man auch sehen, dass Zeitreihen, wie wir sie in Abbildung 2.6 vorfinden (die jährlichen Aktienkursveränderungen), nun wirklich als recht zufällig erscheinen. Was lag da näher, als sie zunächst einmal daraufhin zu untersuchen, ob sie sich von einem reinen Zufallsprozess unterscheiden oder nicht.[10]

Um die Problemstellung noch zu verdeutlichen und den Zufallscharakter der Aktienkursveränderungen selbst noch bildlicher darzustellen, zeichnen wir einmal die monatlichen Kursänderungen auf, wie sie im

---

9 Vgl. hierzu SAMUELSON (1963 und 1989) sowie ZIMMERMANN (1991).

10 Für eine weitere systematische Auseinandersetzung mit diesen Fragestellungen, allerdings auf recht hohem technischem Niveau, vgl. z.B. KRITZMAN/RICH (1998).

oben schon verwendeten Datensatz von 1960 bis 1998 festgehalten sind, und zwar für die drei Länder Schweiz, Deutschland und USA.

Abbildung 2.14: Gleitende Monatserträge seit 1960

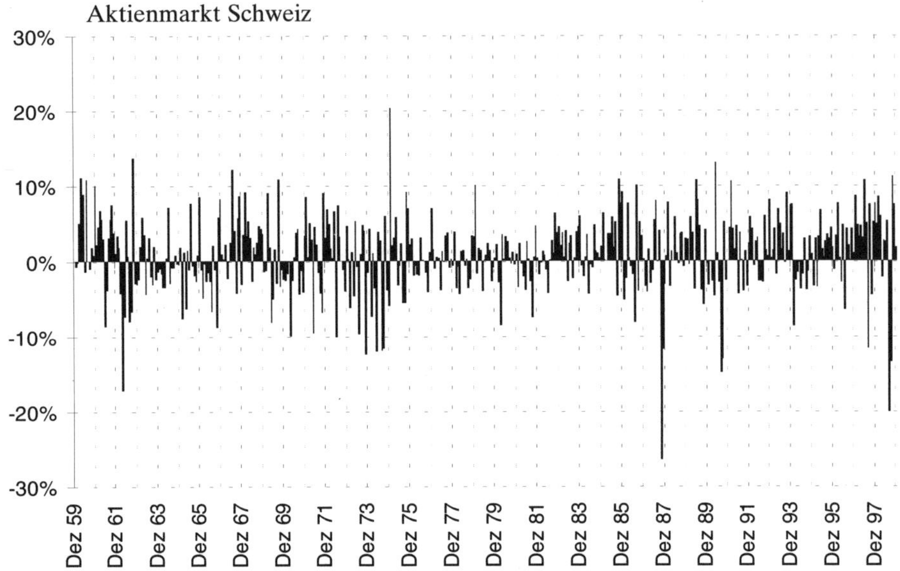

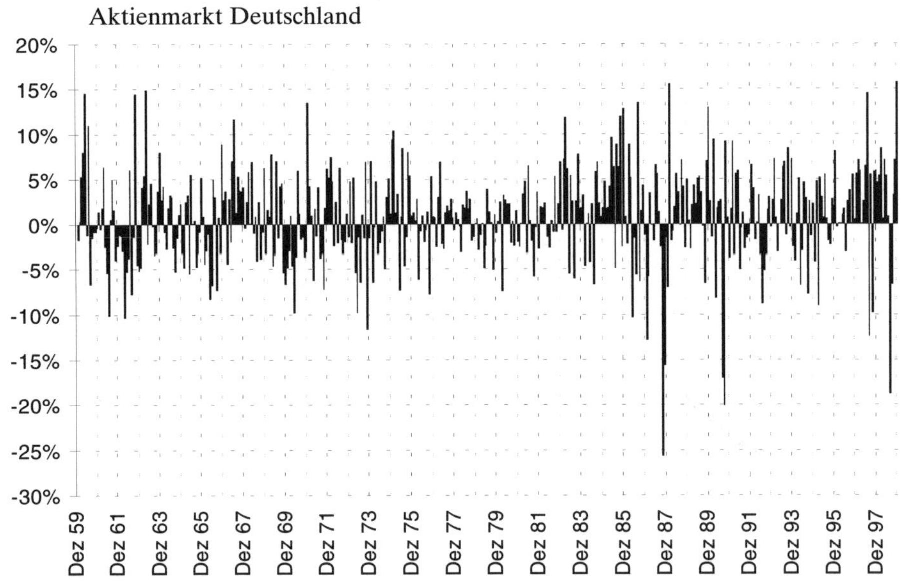

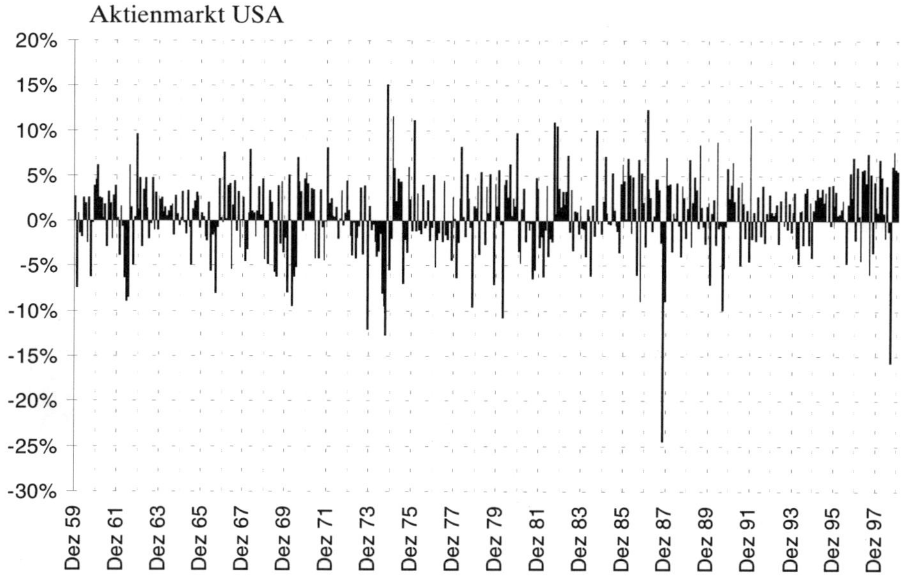

Aus der grafischen Darstellung geht deutlich hervor, wie unsystematisch sich die Kursveränderungen gebärden. Während Jahren bildeten solche Zeitreihen für alle möglichen Finanzmärkte (Aktien, Devisen, Bondpreise etc.) die Basis zur Überprüfung der so genannten Theorie effizienter Märkte, mit deren Hilfe gezeigt werden konnte, dass die Preisänderungen an hochorganisierten Märkten eigentlich Zufallscharakter haben bzw. reine Zufallsprozesse sein sollten. In aller Regel war es recht schwierig, in empirischen Untersuchungen diese Hypothese abzulehnen[11]. Allerdings gab es schon damals eine Reihe von Arbeiten, die zwar die Random-Walk-Hypothesen nicht zurückwiesen, aber von längerfristigen Trends sprachen, die empirisch eine Rolle zu spielen schienen, die aber innerhalb des Theoriegebäudes der Markteffizienz selbst nicht richtig erklärt werden konnten[12].

Wenn wir nun versuchen, auch in diese Darstellungen die Zeithorizontdimension hineinzubringen, dann können wir, ausgehend von den Einmonatsgrafiken, die ja nichts anderes darstellen als die Renditen bei einmonatiger Haltedauer, zu den Ertragsgrafiken bei 1-jähriger, 2-jähriger, 5-jähriger und 10-jähriger Halteperiode übergehen. Abbildung 2.15

---

11 Vgl. hierzu z.B. die frühen Arbeiten von Eugene FAMA von der University of Chicago (FAMA 1976) oder den Übersichtsartikel von KUEHNER/RENWICK (1988). Eine ausgesprochen lesenswerte Darstellung findet sich auch bei MALKIEL (1985).

12 Vgl. z.B. HERI (1980).

zeigt diese Darstellung für die Schweiz, Abbildung 2.16 diejenige für Deutschland und Abbildung 2.17 diejenige für die USA.

Abbildungen 2.15: Gleitende Jahresrenditen in Abhängigkeit von der Anlageperiode für die Schweiz seit 1960

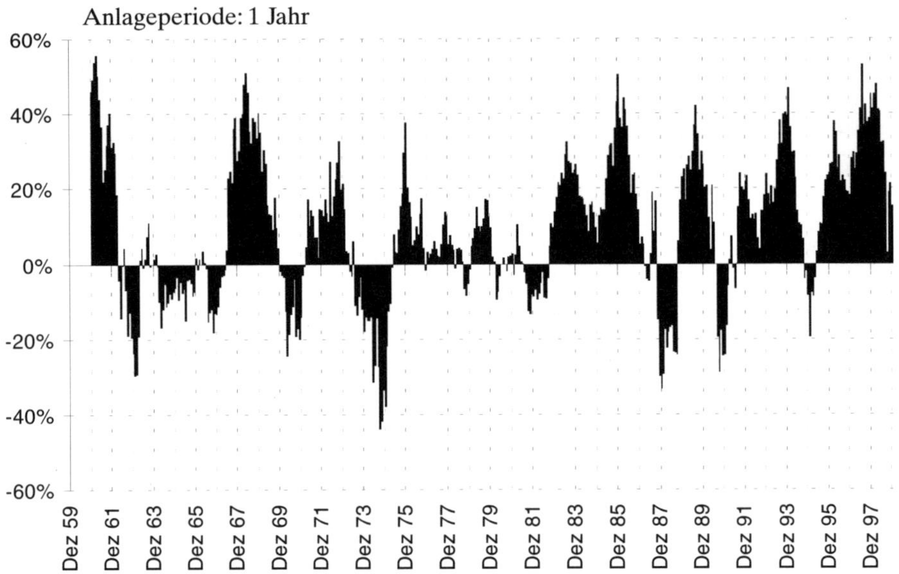

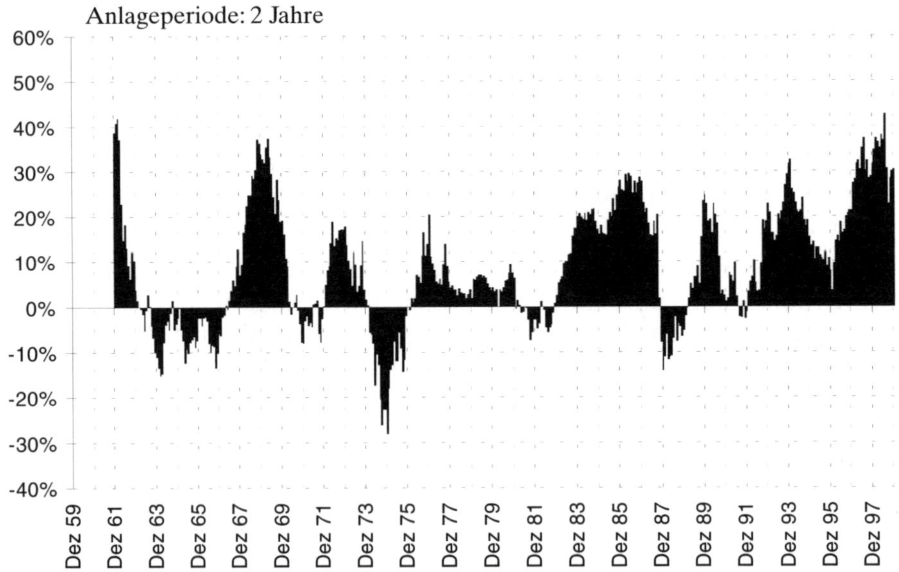

Anlageperiode: 5 Jahre

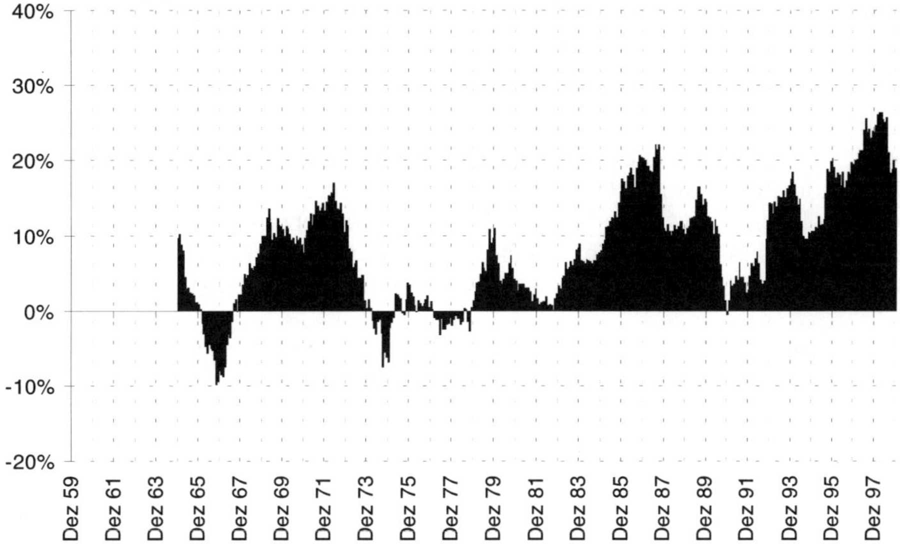

Anlageperiode: 10 Jahre

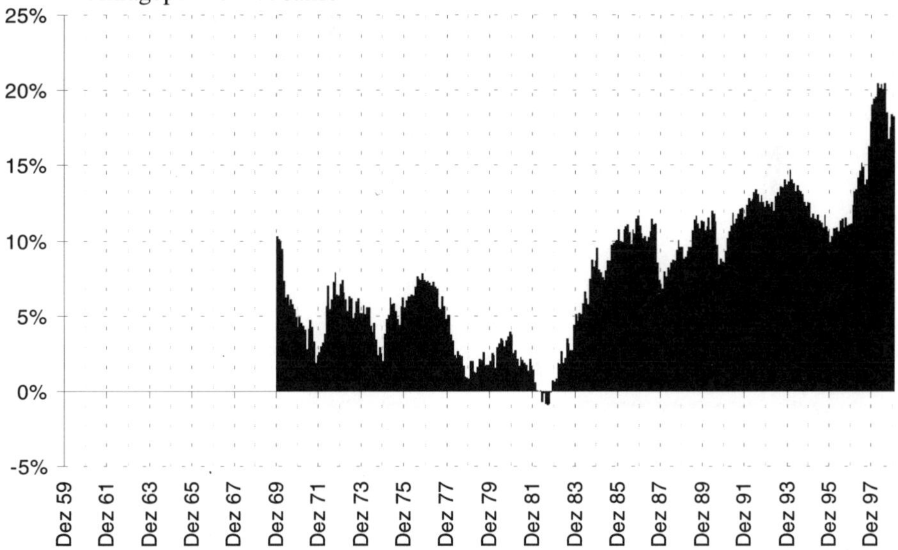

Bei diesen Darstellungen nehmen wir nun für monatliche Daten 2- bis 10-jährige Anlageperioden an. Bei der 10-jährigen Haltedauer untersuchen wir, wie der Ertrag nach 10 Jahren aussieht, wenn die Investition vom Januar 1960 bis zum Dezember 1969 besteht. Der zweite Beobachtungspunkt in dieser Grafik ist der Ertrag von Februar 1960 bis Ende Januar 1970 u.s.w. Durch diese sich überlappenden Anlageperioden entsteht visuell eine Systematik in den Ertragsgrafiken, die statistisch aber ein Artefakt ist.[13]

Immerhin zeigen uns die Grafiken aber noch einmal mit aller Deutlichkeit, wie unwahrscheinlich ein negativer Ertrag bei einer Aktieninvestition mit einem 10-jährigen (oder längeren) Anlagehorizont ist. In der Tat findet sich z.B. in Deutschland über die letzten 30 Jahre keine einzige 10-Jahres-Periode, in welcher mit einem Aktienindex-Engagement ein Verlust hätte verzeichnet werden müssen (s. S. 46 oben).

Abbildungen 2.16: Gleitende Jahresrenditen in Abhängigkeit von der Anlageperiode für Deutschland seit 1960

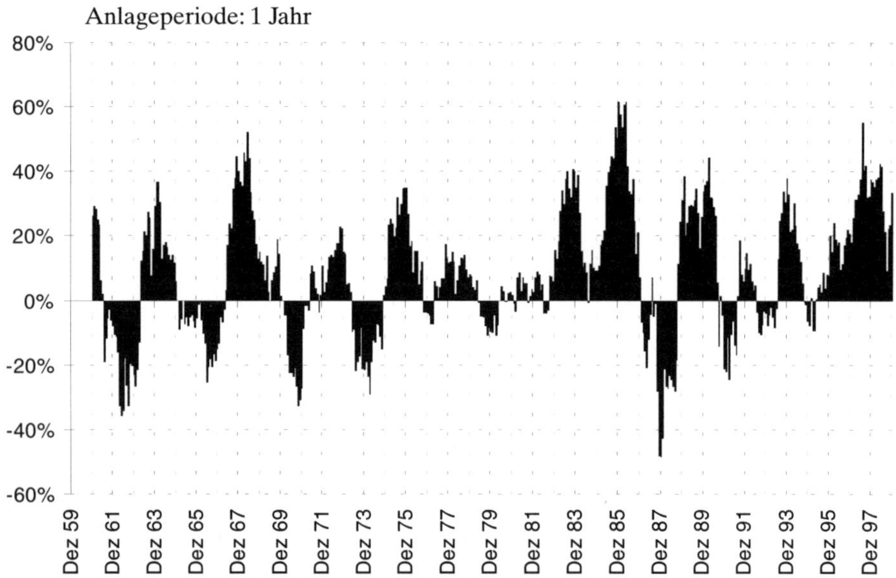

13 In Abbildung 2.10, in der wir die Volatilitäten bei zunehmender Anlagedauer mit der theoretischen Volatilität vergleichen, werden nicht-überlappende Ertragsströme dargestellt.

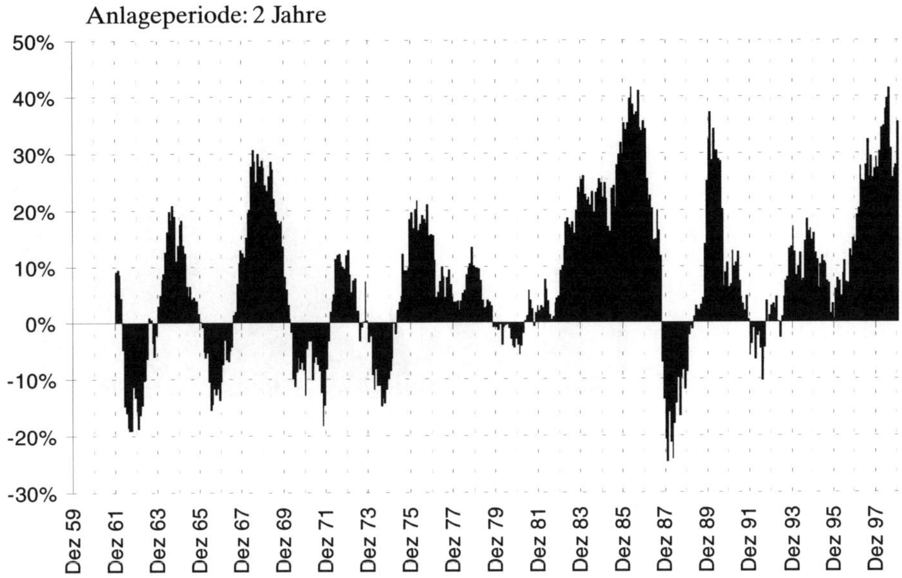
Anlageperiode: 2 Jahre
50%
40%
30%
20%
10%
0%
-10%
-20%
-30%
Dez 59
Dez 61
Dez 63
Dez 65
Dez 67
Dez 69
Dez 71
Dez 73
Dez 75
Dez 77
Dez 79
Dez 81
Dez 83
Dez 85
Dez 87
Dez 89
Dez 91
Dez 93
Dez 95
Dez 97

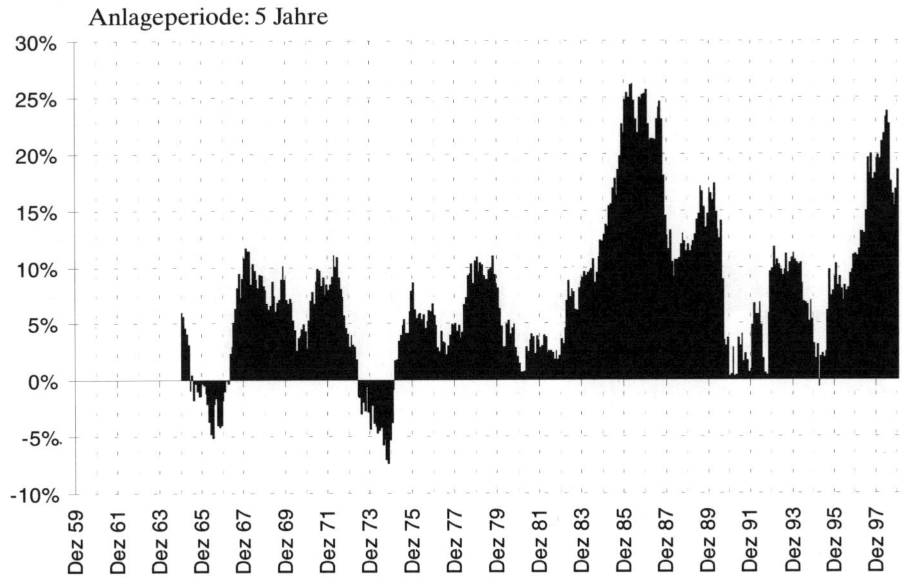
Anlageperiode: 5 Jahre
30%
25%
20%
15%
10%
5%
0%
-5%
-10%
Dez 59
Dez 61
Dez 63
Dez 65
Dez 67
Dez 69
Dez 71
Dez 73
Dez 75
Dez 77
Dez 79
Dez 81
Dez 83
Dez 85
Dez 87
Dez 89
Dez 91
Dez 93
Dez 95
Dez 97

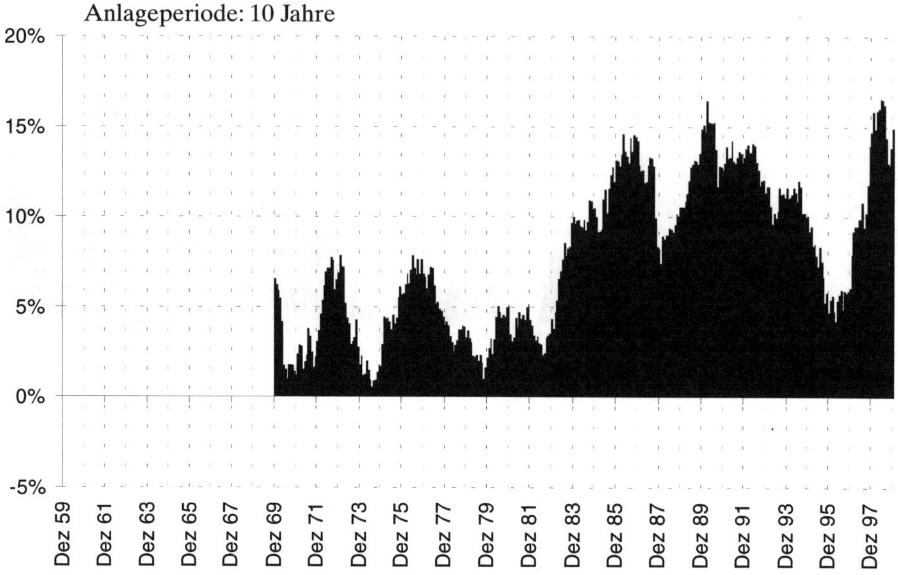

Abbildungen 2.17: Gleitende Jahresrenditen in Abhängigkeit von der Anlageperiode für die USA seit 1960[14]

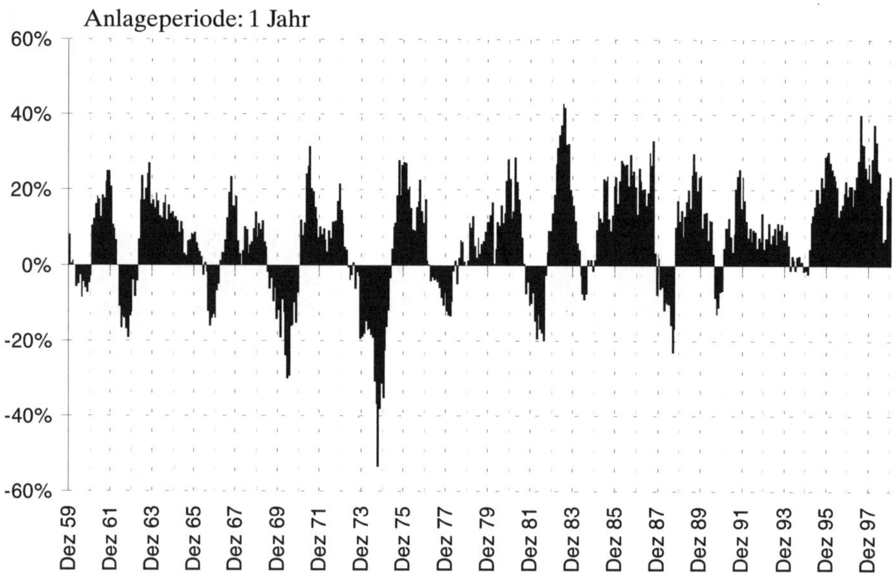

14 Das Datenset für den amerikanischen Markt erlaubt erheblich längere Betrachtungen als die Zahlen für die europäischen Märkte. Sämtliche Grafiken können deshalb von Beginn der einheitlichen Betrachtungsperiode an komplett wiedergegeben werden.

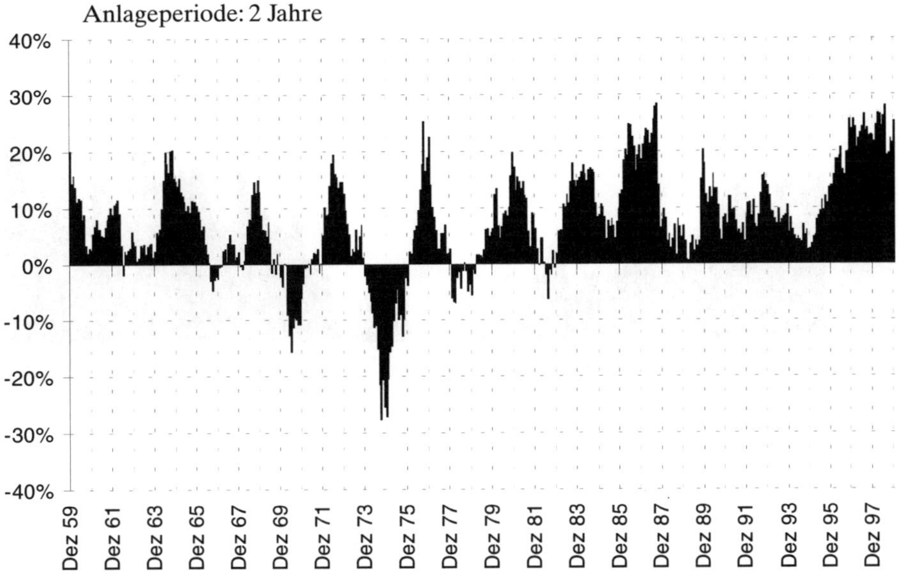
Anlageperiode: 2 Jahre
40%
30%
20%
10%
0%
-10%
-20%
-30%
-40%
Dez 59
Dez 61
Dez 63
Dez 65
Dez 67
Dez 69
Dez 71
Dez 73
Dez 75
Dez 77
Dez 79
Dez 81
Dez 83
Dez 85
Dez 87
Dez 89
Dez 91
Dez 93
Dez 95
Dez 97

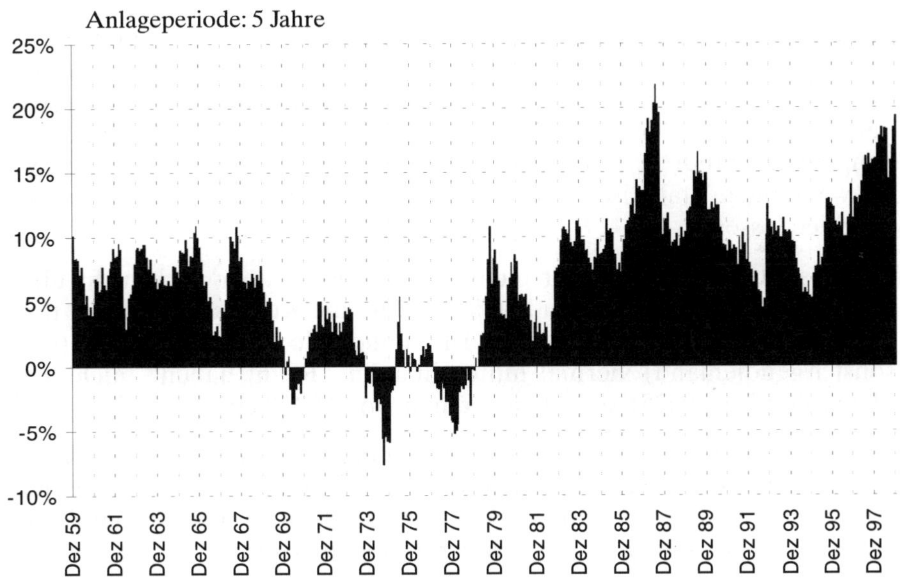
Anlageperiode: 5 Jahre
25%
20%
15%
10%
5%
0%
-5%
-10%
Dez 59
Dez 61
Dez 63
Dez 65
Dez 67
Dez 69
Dez 71
Dez 73
Dez 75
Dez 77
Dez 79
Dez 81
Dez 83
Dez 85
Dez 87
Dez 89
Dez 91
Dez 93
Dez 95
Dez 97

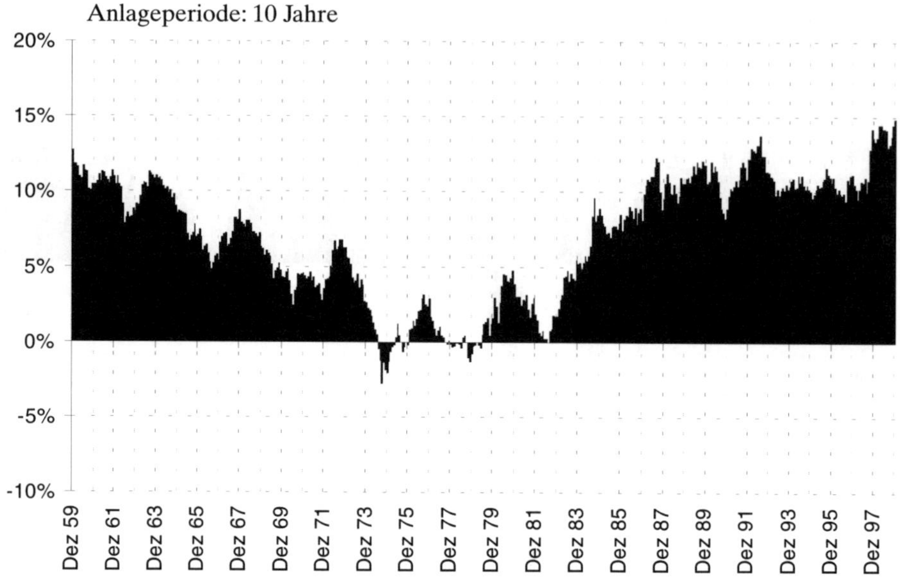

Nach all diesen Darstellungen scheint wohl deutlich geworden zu sein, dass es in der Tat keinen Sinn macht, „nach kurzfristigem Gewinn zu trachten“ (wie das Motto unseres ersten Kapitels nahelegt). Man würde nämlich davon ausgehen, dass man weiss, wann die Kurse nach oben resp. nach unten ausschlagen (vgl. z.B. Abb. 2.14) – was reine Spekulation ist: Empirische Studien belegen uns zuhauf, dass sich die kurzfristigen Schwankungen statistisch kaum von einem reinen Zufallsprozess unterscheiden lassen.

Dabei sollten wir uns selber nicht unter-, andere aber auch nicht überschätzen. Da die Chance rund 50% ist, dass die Kurse gerade dann nach oben gehen, wenn *wir* investieren, ist nämlich die Chance, dass wir (oder sonst irgendjemand) viermal hintereinander „Recht haben“, nicht sehr klein (nämlich 0,0625), d.h. etwa in einem von 16 Fällen.

Solche Überlegungen sind interessant, haben wohl aber ziemlich wenig mit strategischer Anlagepolitik zu tun, die uns in diesem Kapital beschäftigt. Zum Spass, den wir an den Finanzmärkten auch nie aus den Augen verlieren wollen, kommen wir nämlich erst im 6. Kapitel.

Eine Optimierungsübung

Die moderne Portfoliotheorie hat uns in den letzten Jahren sowohl in der Anlageberatung als auch im konkreten Portfoliomanagement wesentlich weiter gebracht. Eine ihrer grundlegenden Erkenntnisse besteht darin, dass eine geschickte Mischung von riskanteren Anlagen, die einen höheren Ertrag erwarten lassen, und weniger riskanten Anlagen mit entsprechend tieferen Gewinnaussichten zu Portfolios führen kann, die höhere Erträge als risikoarmes Investment versprechen, aber trotzdem ein tieferes Risiko besitzen. Dies erreicht man durch eine systematische Berücksichtigung der Korrelationen (des Gleichlaufs) der Erträge der einzelnen Anlagen.

Wir sind bereits darauf eingegangen, dass normalerweise die Varianz oder die Standardabweichung das relevante Risiko angibt, und haben auch die Gründe dargelegt. Wenn wir diese Zusammenhänge für den Einjahreshorizont mit unseren Daten für Aktien und Obligationen zurück bis 1926 grafisch darstellen, dann sieht das Resultat folgendermassen aus:

Abbildung 2.18: Effizienzgrenze für die Schweiz 1926–1998

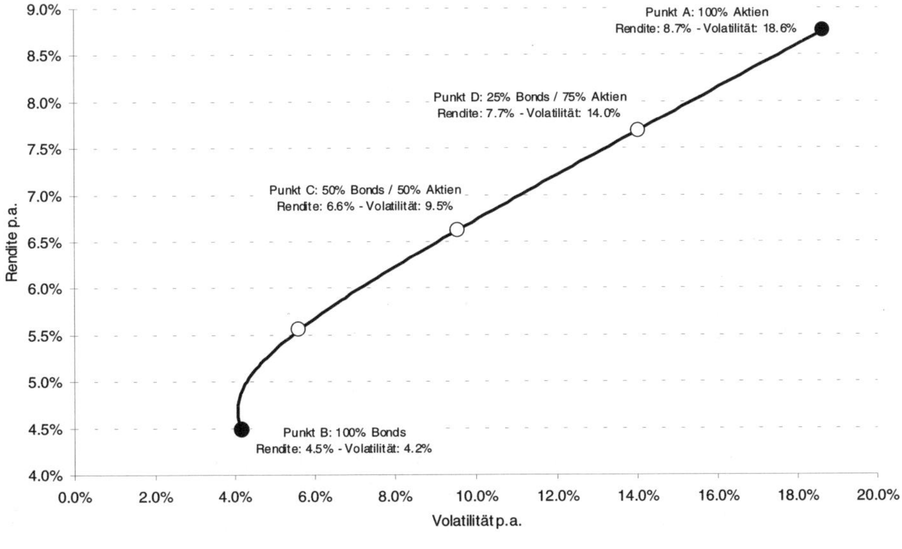

In Punkt A hält der Investor ein Portfolio, das aus 100% Aktien besteht. Sein Ertrag beträgt 8,7%, das Risiko 18%. In Punkt B haben wir ein reines Bondportfolio mit einem erwarteten Ertrag von 4,5% und einem Risiko von 4%. Dazwischen liegen unterschiedliche Mixportfolios, die je nach

Risikoneigung des Investors optimal sind. In Punkt C findet sich ein Anleger, dem eine Standardabweichung von rund 10% zusagt (sein Portfolio enthält 50% Aktien und 50% Bonds), in Punkt D ein anderer Investor, für den die Volatilität von 14% in Ordnung ist. Die Tatsache, dass die Verbindung zwischen A und B gekrümmt verläuft, ist darauf zurückzuführen, dass die beiden Anlageklassen über die Zeitperiode nicht perfekt korreliert sind.[15]

Die geneigte Leserin und der geneigte Leser haben wohl bemerkt, dass wir bei der obigen Argumentation wieder voll der traditionellen Theorie verhaftet sind, die das Risiko mit der Varianz bzw. der annualisierten Volatilität angeht.

Wenn wir nun wieder zu unserer Argumentation mit dem Zeithorizont zurückkehren, lassen sich die folgenden interessanten Kurven für jeweils ansteigende Halteperioden ableiten:

Abbildung 2.19: Risiko-Ertragskombinationen für die Schweiz 1926–1998

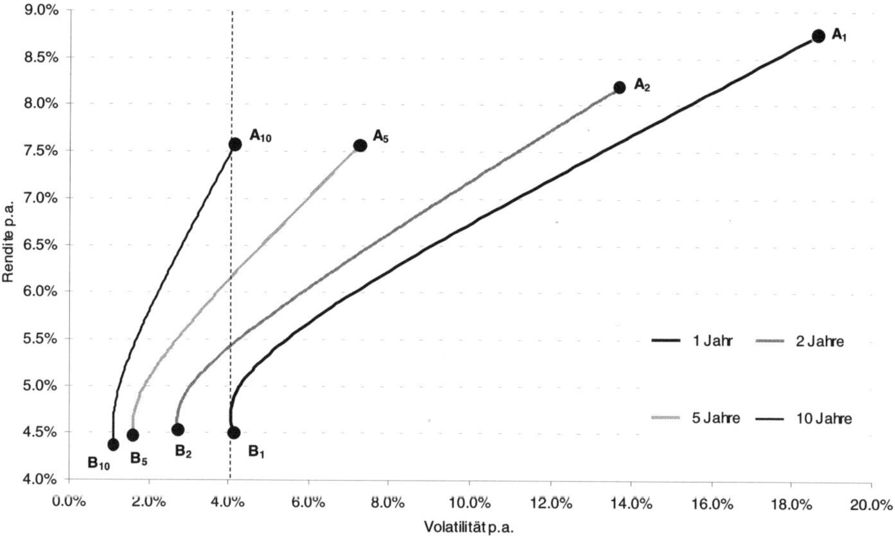

Die Kurve von A_1 bis B_1 kennen wir schon aus Abbildung 2.18 (1-jähriger Anlagehorizont). Weiter links zeigen sie den 2-jährigen, den 5-jährigen und schliesslich den 10-jährigen Horizont. Natürlich gehen die Risiken zurück, was wir ja bereits abgeleitet haben. Interessant (wenn auch rein intuitiv nicht verwunderlich) sind aber die Ergebnisse, wenn wir einen Inve-

15 Eine umfassendere Darstellung dieser Zusammenhänge zur modernen Portfoliotheorie findet sich in Heri (1996), S. 161 ff.

stor annehmen, dem trotz eines langen Anlagehorizonts 4% Volatilität p.a. zuspricht (d.h. die Volatilität des Portefeuilles mit dem geringsten Risiko bei einer 1-jährigen Halteperiode, also 4.06%). Die vertikale Gerade zeigt dann jeweils die Position (d.h. die Aktien-Bond-Allokation) auf den Effizienzkurven für die jeweiligen Anlagehorizonte. Es wird deutlich, dass unser Anleger bei 10-jähriger Halteperiode offensichtlich ein Portfolio halten muss, das praktisch zu 100% aus Aktien besteht (Punkt A_{10} der Effizienzkurve bei 10-jähriger Haltedauer).

Die nachfolgende Tabelle fasst die verschiedenen Portfolios für die unterschiedlichen Anlagehorizonte zusammen:

Abbildung 2.20: Risiko-Ertragskombinationen bei minimalem Risiko für die Schweiz 1926–1998

	1 Jahr	2 Jahre	5 Jahre	10 Jahre
Volatilität p.a.	4.06%	4.06%	4.06%	4.06%
Rendite p.a.	4.70%	5.43%	6.16%	7.51%
Anteil Aktien	5%	26%	55%	98%
Anteil Obligationen	95%	74%	45%	2%

Ohne Erhöhung des Anlagerisikos steigen also die Aktienanteile von 5% bei 1-jährigem Horizont über 26% und 55% bei 2- bzw. 5-jähriger Halteperiode bis auf 98%, wenn der Anleger einen 10-jährigen Anlagehorizont hat. Entsprechend steigen natürlich auch die Anlagerenditen.

Wir erlauben uns hier noch einmal, darauf aufmerksam zu machen, was dies konkret für die Geldanlage bedeutet: Wenn wir unsere Anlagen 10 oder mehr Jahre zu halten gedenken und für uns das Risiko einer Geldanlage darin besteht, dass man auch Geld verlieren kann (unser Shortfall-Konzept), dann werden Aktien fast zu risikolosen Anlagen. Wir haben ja oben gesehen, dass es nur sehr wenige 10-Jahresperioden gegeben hat, in denen mit Aktienanlagen tatsächlich Geld verloren wurde. Wenn man dies mit den methodischen Ansätzen der modernen Portfoliotheorie kombiniert und unter Berücksichtigung des Anlagehorizontes so genannte effiziente Portfolios berechnet, erkennt man, dass ein Anleger, der ansonsten bereit wäre, die Volatilität von Obligationen zu akzeptieren, bei 10-jährigem Anlagehorizont 98% seiner Gelder in Aktien inverstieren müsste. Ein für viele wohl überraschendes Ergebnis.[16]

16 Eine Auseinandersetzung mit der wissenschaftlichen Literatur zu diesem Thema findet sich bei ALBRECHT (1999).

Soviel zu den konkreten Auswirkungen, wenn man Anlagehorizonte systematisch bei der Anlageberatung bzw. der Zusammenstellung von Portfolios mit berücksichtigt. Natürlich gibt es keinen Zweifel, dass solche Effekte nicht einfach beiseite gelassen werden können, nur weil sie nicht ganz dem üblicherweise verwendeten theoretischen Paradigma entsprechen.

Zusammenfassung

„Wer sich in der Praxis mit der konkreten Strukturierung und Gestaltung von Portefeuilles beschäftigen muss, kommt auf rein intuitiver Basis relativ schnell zur Einsicht, dass der Anlagezeithorizont in diesem Prozess eine überaus wichtige Rolle zu spielen hat."(ZENGER 1992, S. 104).

Nichtsdestotrotz stellen wir fest, dass sowohl in der Portfoliotheorie als auch in der Anlageberatung diese Einsicht noch kaum hat Fuss fassen können. Die Hauptkonsequenzen daraus sind, dass die Anlagepraxis noch immer durch viel zu viel kurzfristigen Aktivismus geprägt ist und wohl ein grosser Teil des Anlegerpublikums ein nur wenig adäquates Risikokonzept verwendet.

Wenn wir hier vom Anlegerpublikum sprechen, dann mag der Eindruck entstehen, wir würden nur private Anleger meinen. Aber natürlich gelten die obigen Überlegungen gerade auch für institutionelle Anleger. Wir haben bereits darauf aufmerksam gemacht, dass unnötige Beschränkungen des Zeithorizontes (durch buchhalterische oder sonstige Restriktionen) oft zu Portfoliostrukturen führen, die sich um hohe Langzeitrenditen bringen. Dass wir hier nicht einer spekulativen Erhöhung des Aktienanteils zur Erhöhung der kurzfristigen Anlagerenditen von z. B. Pensionskassengeldern das Wort sprechen, sondern einer detaillierten Analyse und Abklärung der individuellen Anlagehorizonte, sollte dabei klar geworden sein.

Aktien eignen sich nicht für kurzfristige Geldanlagen, kurzfristig lässt sich an den Aktienmärkten nicht systematisch Geld verdienen – zumindest nicht durch Investoren. Aktien sind jedoch ein perfektes Vehikel für die lange Frist und damit für den grössten Teil der Kapitalanleger. Denn die meisten Leute, die ernsthaft ihre Gelder anlegen wollen, haben einen längerfristigen Anlagehorizont, auch wenn sie das selbst oft anders sehen.

In diesem einführenden Kapitel wurde versucht, den scheinbaren Widerspruch zwischen der kurzen und der langen Frist bei der Kapitalanlage etwas zu beleuchten. Wir haben dabei gesehen, dass er (oder ist es eher ein

Interessenkonflikt?) nicht nur in der Anlagepraxis und in der Anlageberatung auftaucht, sondern sich durchaus auch in der wissenschaftlichen Literatur wiederfinden lässt. Die Kenntnis der unterschiedlichen Standpunkte und das systematische Herausarbeiten der Differenzen sind selbstverständlich eine notwendige Bedingung dafür, einerseits eine adäquate individuelle Anlagestrategie zu verfolgen, andererseits individuelle und institutionelle Investoren vernünftig zu beraten.

Kapitel 3

Wann kaufen Sie Aktien ? – Immer

Ein kleiner analytischer Exkurs

Wir haben im zweiten Kapitel anhand von zwei einfachen Karikaturen zu erläutern versucht, wie die Finanzmärkte funktionieren. Wir haben betont, dass die beiden Karikaturen in vereinfachter Form durchaus die neueren wissenschaftlichen Erkenntnisse über die Funktionsweise der Märkte wiedergeben. Nun wollen wir diese Zusammenhänge noch einmal etwas analytischer betrachten und insbesondere einigen Prinzipien der Preisbildung finanzieller Kontrakte nachgehen.

Grundsätzlich bestimmt sich der Wert oder der Preis eines finanziellen Kontraktes aus dem Gegenwartswert aller vertraglich vereinbarten Geldströme. Das klingt etwas abstrakt und verlangt nach Erklärung.

Im Falle einer Obligation ohne irgendwelche speziellen Ausgestaltungen sind die einzelnen Couponzahlungen sowie die Rückzahlung der Anleihe am Ende der Laufzeit (d.h. nach Ablauf des Finanzkontraktes) die künftigen Geldströme. Formal sieht dies etwa wie folgt aus:

Preis der Obligation =
Gegenwartswert der Couponzahlungen + Gegenwartswert der Rückzahlung

Dabei ist der Gegenwartswert (GW) immer der mit einem adäquaten Zins- bzw. Diskontsatz auf heute abgezinste Wert irgendwelcher zukünftiger Zahlungen (Z), formal:

$$GW = \Sigma\ 1/(1+r)^i * Z(i)$$

Dabei bezeichnen GW den Gegenwartswert aller Zahlungen Z(i) und r den zur Diskontierung verwendeten Zinssatz. Wir wollen hier nicht im Detail darauf eingehen, wie dieser Zins- bzw. Diskontsatz zu bestimmen ist.[17] Wichtig ist, dass er in jedem Fall stark mit dem allgemeinen Zinsniveau in einer Volkswirtschaft korreliert, d.h., dass sich beide Raten ähnlich bewegen. Der Preis einer Obligation – aber natürlich der Preis jedes finanziellen Kontrakts – verändert sich negativ mit dem allgemeinen Zinsniveau in einer Volkswirtschaft: Steigen die Zinsen, sinkt der Wert eines künftigen Cash Flows; sinkt das Zinsniveau, steigt der entsprechende Wert (und damit auch der Preis) des Kontraktes.

17 Für Details vergleiche z.B. Heri (1996).

Ähnlich wie bei den Obligationen sieht es bei den Aktien aus.[18] Nur bestehen bei ihnen die künftigen Cash Flows nicht einfach aus vertraglich vereinbarten (Coupon)Zahlungen und einer klar definierten Rückzahlung, sondern aus den Dividenden. Sie sind aber im Normalfall nicht *a priori* klar definiert, sondern vom Geschäftsverlauf der jeweiligen Unternehmung und der verfolgten Dividendenpolitik abhängig. Dividenden sind, mit anderen Worten, unsicher oder zumindest wesentlich schlechter prognostizierbar als z.B. Couponzahlungen einer Obligation (solange man sich in einem vernünftigen Ratingbereich befindet).

Weil es sich bei den Dividenden also nur um *erwartete* Geldströme handelt, ist die Preisgleichung bei Aktien notwendigerweise mit wesentlich grösseren Unsicherheiten behaftet als bei Obligationen. Sie lässt sich wie folgt darstellen:

Preis der Aktie in t =
Gegenwartswert der (erwarteten) Dividenden in t, t+1, …

Bei solchen so genannten Dividend-Discount-Modellen gibt es nun wiederum die verschiedenartigsten Ausprägungen. Wichtige Alternativen gegenüber der obigen, sehr einfachen Formulierung ergeben sich dadurch, dass man gewisse zeitliche Entwicklungen der Dividenden annimmt, womit insbesondere der Diskontierungsterm zur Berechnung des Gegenwartswertes eine etwas andere Gestalt erhält.

Wenn man andererseits von der Unternehmensbewertungsseite kommt oder die Annahme trifft, die Unternehmung würde in den nächsten Jahren eine mehr oder weniger konstante Dividendenpolitik betreiben, konzentriert man sich weniger auf die künftigen Dividenden, sondern direkt auf die Gewinne oder, gegebenenfalls, auf die sogenannten Free Cash Flows. Grob skizziert sieht dann die Bewertungsgleichung wie folgt aus:

Preis der Aktie in t =
Gegenwartswert der (erwarteten) Gewinne in t, t+1, t+2, …

Der *heutige* Preis einer Aktie entspricht also dem Gegenwartswert aller für die Zukunft erwarteten Gewinne. Diskontiert werden die Gewinne mit einer Rate, die wiederum stark mit dem Zinsniveau in der Volkswirtschaft korreliert.

---

18 Ohne hier im Detail auf diese Zusammenhänge eingehen zu wollen, soll darauf hingewiesen werden, dass das Gleiche natürlich auch bei Immobilien gilt, bei denen der Ertragswert eines Objektes seinen Wert bestimmt.

Diese einfachen formalen Darstellungen liefern uns einige interessante Einsichten. Zum einen wird deutlich, dass Aktien notwendigerweise volatiler sein müssen als Obligationen, da ja die Geldströme (oder Gewinne) *erwartete* Grössen sind, die mit wesentlich mehr Unsicherheit behaftet sind als die Couponzahlungen bei Obligationen.[19]

Und zum anderen bietet die Preisgleichung für Aktien eine Erklärung für die hohe Volatilität der Aktienmärkte an sich. Wenn wir nämlich davon ausgehen, dass sich neue Informationen über die zu erwartenden zukünftigen Gewinne einer Unternehmung *sofort* im Preis der Aktie niederschlagen, wird dieser Preis in jedem Moment jegliche öffentlich zugängliche Information über die Unternehmung und die Gewinnentwicklung enthalten. Wenn dem so ist, wird jede *neue preisrelevante Information* nur mehr zufällig eintreffen (sonst wäre sie ja nicht schon im Preis enthalten), entsprechend wird sich der Preis nur mehr zufällig bewegen. Bei dieser Annahme müsste es dann auch entsprechend schwierig sein, empirisch einen Unterschied zwischen dem kurzfristigen Kursverhalten an den Finanzmärkten und einem reinen Zufallsprozess festzustellen. Zufällig eintreffende Information führt bei sofortiger Informationsverarbeitung zu zufälligen Preisbewegungen.

Diese Überlegungen bilden die Basis der so genannten Theorie effizienter Märkte, die zu der im vorhergehenden Kapitel diskutierten Random-Walk-Euphorie in der empirischen Finanzmarktforschung der 70er und 80er Jahre geführt hat.

Tatsächlich konnte in sehr vielen empirischen Studien, die sich mit der *kurzfristigen* Entwicklung an den Finanzmärkten auseinandersetzten, die Random-Walk-Hypothese nicht falsifiziert werden, und zwar weder für Aktienmärkte noch für alle anderen hochorganisierten Finanzmärkte wie Zins-, Devisen-, aber auch Commodity-Märkte. An sich ist dies auch gar nicht überraschend, sagt die Hypothese doch im Grunde nichts anderes aus, als dass alle Marktteilnehmer permanent versuchen, preisrelevante Informationen auszunützen, um Geld zu verdienen. Da aber alle praktisch zur gleichen Zeit dieselben Informationen zur Verfügung haben, ist sichergestellt, dass diese Informationen in jedem Moment bereits im Preis enthalten sind (das macht ja eigentlich auch den Kern der beiden Karikaturen aus, die wir im 2. Kapitel verwendet haben). Natürlich heisst das dann

19 Wir wollen hier noch einmal betonen, dass wir in der Regel von Staatsanleihen ausgehen, bei denen weder die Couponzahlungen noch die Rückzahlungen in Zweifel stehen. Anders sehen diese Zusammenhänge natürlich im so genannten „High Yield"-Segment aus, wo sich die Obligationen sowohl durch wesentlich höhere Coupons als auch durch wesentlich mehr Volatilität auszeichnen.

auch, dass man darauf verzichten kann, andauernd irgendwelchen kurzfristigen Informationen nachzulaufen in der Meinung, dies würde zu irgendwelchen „Schnäppchen“ und damit zu einer besseren Performance führen.

Die Annahme, die Kurse an den Finanzmärkten würden in jedem Moment alle relevanten und öffentlich zugänglichen Informationen enthalten, ist deswegen wohl eine vernünftige Starthypothese und erspart einem viel Aufwand (und Nerven!). Wir werden aber weiter unten noch darauf eingehen, ob diese Hypothese empirische Bestätigung findet und welche Konsequenzen sich daraus für die Ausgestaltung einer konkreten Anlagestrategie ergeben.

Die obigen Überlegungen werden gelegentlich sogar dahingehend ausgelegt, dass man gänzlich auf irgendwelches Research verzichten und sich als Anleger die Lektüre der Unternehmensstudien der Banken sparen kann und auch die „heissen Tipps“ irgendwelcher Aktien- oder sonstiger Gurus nichts taugen.

So einfach ist die Angelegenheit natürlich nicht, vielleicht mit Ausnahme der „heissen Tipps“, die in aller Regel tatsächlich nicht viel wert sind. Wenn sie nämlich so „heiss“ wären, wie sie dargestellt werden, würden die entsprechenden Leute sie wohl nicht weitergeben, sondern selber benutzen. Im Übrigen verdienen die „Gurus“ mit ihren Börsenbriefen, Vorträgen und Referaten wahrscheinlich mehr Geld als mit ihren eigenen Anlagestrategien. Aber dabei muss man wohl auch den Unterhaltungswert solcher Referate berücksichtigen, der gelegentlich durchaus respektabel ist.

Bei der Beurteilung des generellen Aktienresearch sind wir in einem Dilemma. Für das kurzfristige so genannte „Stock Picking“ taugen sogenannte „Research Flashs“ wohl nicht viel, sonst wären ja eben nicht alle öffentlich zugänglichen Informationen im Preis enthalten (wofür einiges an empirischer Evidenz spricht), und sonst müssten ja auch die Asset-Manager in ihrer eigenen Vermögensverwaltung erfolgreicher sein als sie es tatsächlich sind[20]. Es wäre jedoch verfehlt, davon auszugehen, dass die Banken gänzlich darauf verzichten könnten, Aktienresearch zu betreiben. Denn nur dieses Research kann ja dafür sorgen, dass die Preise alle verfügbaren Informationen enthalten. Wenn diese Informationen nicht mehr verarbeitet würden, wären die Preise auch nicht mehr informationseffizient, und systematisches Research zahlte sich wieder aus. Volkswirtschaftlich gesehen gibt es wohl einen optimalen Aufwand für Research,

20 Wir werden auf diesen heiklen Punkt weiter unten noch einmal zurückkommen.

das dafür sorgt, dass die Preise an den Finanzmärkten – wie gesagt – informationseffizient sind (d.h. die notwendige Information enthalten).

Wichtig ist aber, dass wir auch hier nicht das Gefühl bekommen, mit Aktienresearch könne man *kurzfristig* Geld verdienen. Aber das ist an sich auch kein Problem, weil wir ja im letzten Kapitel festgestellt haben, dass man Aktien nur langfristig hält.

Etwas Gleichgewichtsökonomik

Wir entnehmen den oben stehenden einfachen Bewertungskonzepten einige wichtige Prinzipien. Zum einen die Einsicht, dass die permanente Berieselung der Kapitalmärkte durch (definitionsgemäss zufällig eintreffende) neue Informationen immer wieder zu neuen Erwartungsgleichgewichten führt, die für die starken Preisfluktuationen und das mehr oder weniger zufällige Verhalten der Aktienkurse verantwortlich sind. Zum anderen die Erkenntnis, dass *längerfristig* vor allem die Gewinnentwicklung einer Unternehmung und die Zinsentwicklung einer Volkswirtschaft die Aktienkursentwicklung bestimmen.

Wenn wir uns nun anschauen, wie sich die Aktienmärkte und die Zinsen weltweit in den letzten Jahren entwickelt haben, dann bestätigen die Grafiken diese Sicht.

Abbildung 3.1: Performance wichtiger Aktienmärkte in den 90er Jahren

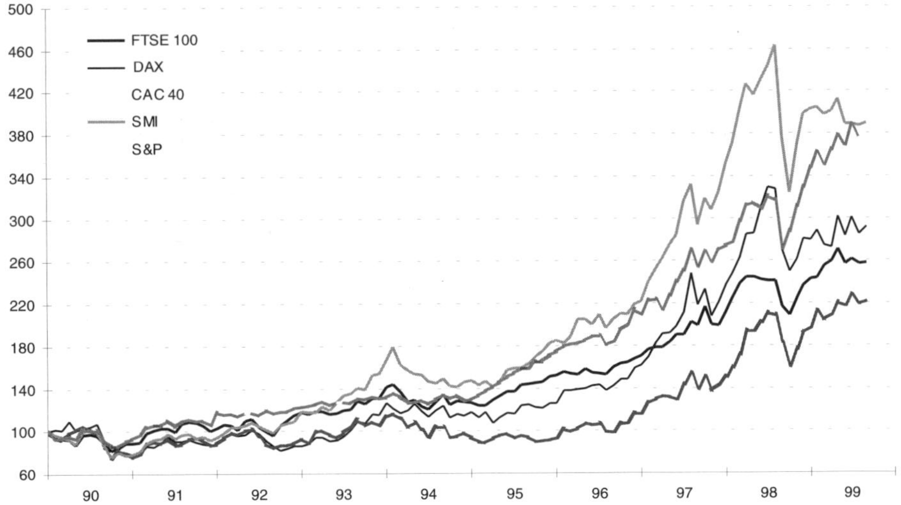

Abbildung 3.2: Zinsentwicklung in den Hauptwährungen während der 90er Jahre

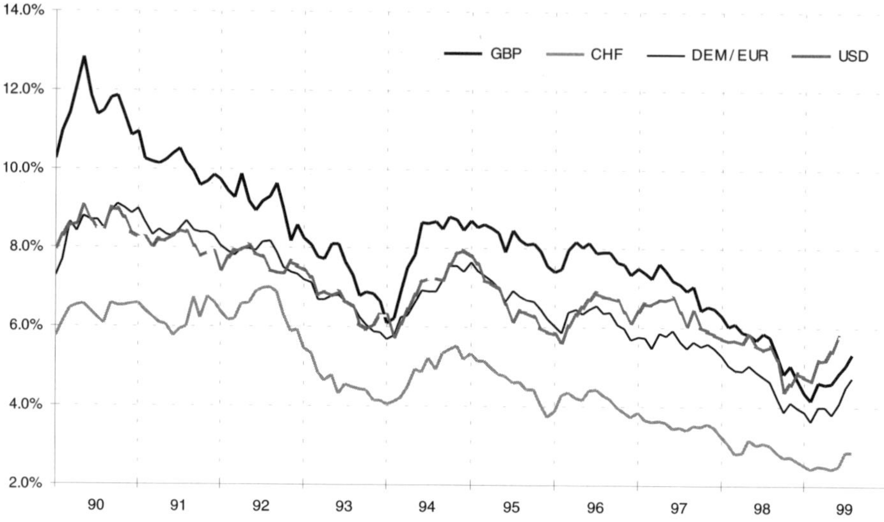

Die Aktienindices einiger wichtiger Länder haben wir 1993 auf 100 normiert, und die Obligationenzinsen entsprechen den Renditen langfristiger Staatsanleihen (üblicherweise 10 Jahre) der jeweiligen Länder. Gemäss der Bewertungsgleichung für Aktien sollten sich die Aktienkurse bei abnehmendem Zinstrend erhöhen. Auch wenn wir hier nicht eine allzu simplizistische unikausale Sichtweise einnehmen wollen, stellen wir doch fest, dass das sinkende Zinsniveau der letzten Jahre die längerfristige positive Aktienkursentwicklung massiv unterstützt hat. Auch für kürzere Perioden lässt sich dieser Zusammenhang sehr gut erkennen, wenn wir uns das Jahr 1994 ansehen. Ohne wirklich erkennbaren Grund erhöhen sich in diesem Jahr in praktisch allen Ländern die Zinsen plötzlich markant. Entsprechend ist dann auch 1994 an den Aktienmärkten das mit Abstand schwierigste Jahr in der hier verwendeten Beobachtungsperiode. Ähnliches wie 1994 spielt sich übrigens im Jahre 1999 ab: Die globalen Zinssteigerungen bremsen den Aktienboom ganz wesentlich ab.

Nicht nur die Zinsentwicklung hat in den letzten Jahren üblicherweise ein ausgesprochen aktienfreundliches Umfeld generiert, sondern auch die Gewinnentwicklung der meisten Unternehmen. Die nächste Grafik zeigt als Beispiel dafür die Zunahme der Unternehmensgewinne in Deutschland, der Schweiz und den USA.

Abbildung 3.3: Unternehmensgewinne in der Schweiz, in Deutschland und in den USA

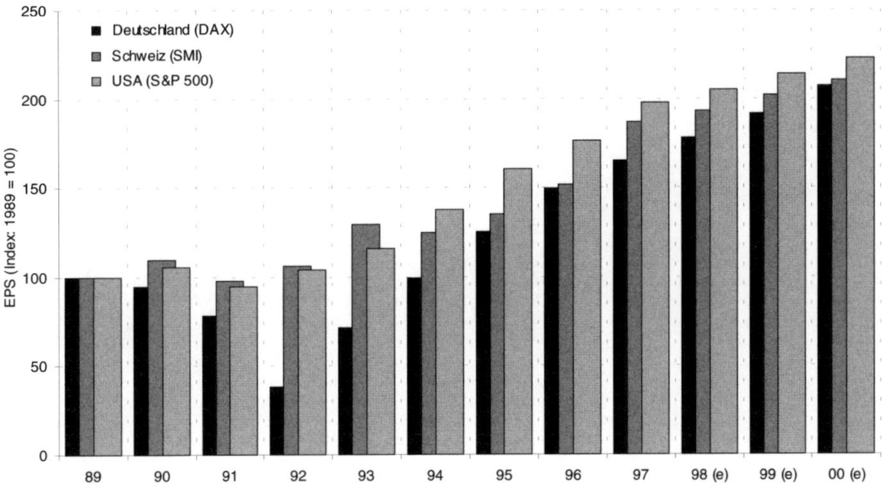

Die deutliche Steigerung der Gewinne hat einmal mit einem einigermassen vernünftigen wirtschaftlichen Umfeld zu tun, zum anderen dann wohl aber auch mit einer Änderung der Unternehmensphilosophien, mit einer stärkeren Betonung des so genannten „Shareholder Value". Man kehrt dabei zu Geschäftstätigkeiten zurück, bei denen man wirklich komparative Vorteile hat und die entsprechend zu steigenden Gewinnen führen. Wir werden darauf später noch einmal zu sprechen kommen.

Wenn die Variablen Zins- und Gewinnentwicklung allein für eine wie simpel auch immer anmutende Erklärung der Aktienkursentwicklung der letzten Jahre herangezogen werden können, dann müsste es an sich auch möglich sein, darauf basierend ein Mehrvariablen-Modell zu konstruieren, das dann vielleicht sogar einen gewissen Gleichgewichtscharakter haben könnte, der uns für längerfristige Überlegungen dienlich sein könnte.

Basierend auf einem noch immer recht einfachen Dividend-Discount-Modell berechnet beispielsweise die Anlageabteilung der Winterthur-Versicherungen monatlich ein solches Gleichgewichtsmodell für die wichtigsten Anlageländer und misst die jeweils aktuellen Indexniveaus an den Resultaten, um bei eventuellen massiven Über- oder Unterbewertungen gewisse Timing- oder auch Absicherungsentscheide zu fällen[21]. Mit einem

21 Es handelt sich dabei um eine so genannte GORDON/SHAPIRO-Version des Dividend-Discount-Modells, bei dem davon ausgegangen wird, dass ein konstantes Wachstum der Dividenden vorliegt.

solchen Modell ergeben sich dann auch Möglichkeiten zur Beurteilung einer zukünftigen gleichgewichtigen Kursentwicklung unter Verwendung von Zins- und Gewinnprognosen. Dabei ist die Qualität der Voraussage natürlich immer nur so gut wie die Prognose der Startvariablen Unternehmensgewinne und Zinsen. Die folgenden Abbildungen zeigen solche Gleichgewichtsmodelle für die Aktienmärkte der Schweiz, Deutschlands und der USA.

Abbildung 3.4a): Fundamentalmodell für die Schweiz

Abbildung 3.4b): Fundamentalmodell für Deutschland

Abbildung 3.4c): Fundamentalmodell für die USA

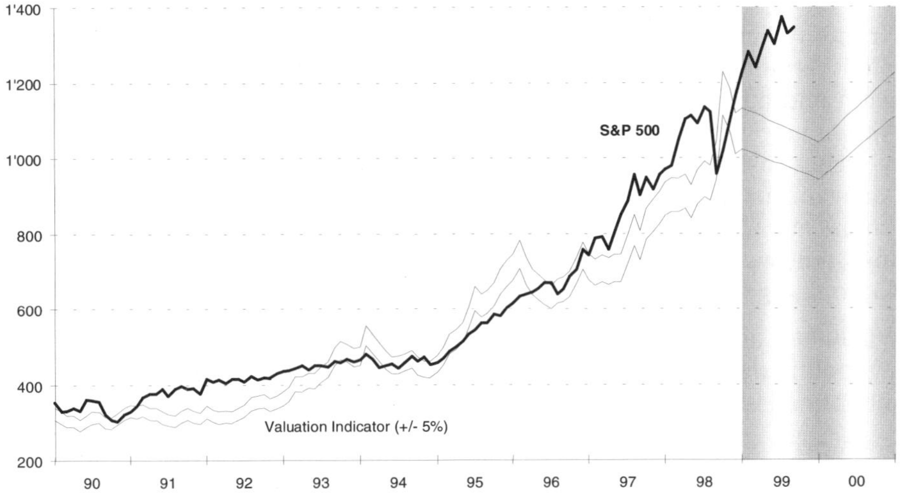

Die dünnen Linien geben jeweils den Bereich an, in dem wir das Indexgleichgewicht vermuten. Die kräftiger gezeichnete Kurve zeigt die effektive Kursentwicklung. Offensichtlich vermag das Modell die Entwicklung an den Aktienmärkten in den letzten Jahren einigermassen zu erklären. Tendenziell hat sich also die effektive Aktienmarktentwicklung in etwa so zugetragen, wie man das unter Verwendung eines Dividend-Discount-Modells hätte erwarten können. Wir leben also heute nicht in einer Welt, in der sich – eine verschiedentlich gehörte Ansicht – die Finanzmärkte in unerklärbarer Weise von der realen Wirtschaft losgelöst haben. Fundamentalökonomische Modelle können die Entwicklungen in groben Zügen offenbar durchaus erklären.

Die Tatsache, dass der US-Aktienmarkt im August 1999 eine recht markante Überbewertung zu erfahren scheint, hat verschiedene Ursachen. Zum einen zeugt diese Bewertung wohl von einer sehr optimistischen Gewinnerwartung für US-Unternehmen und zum anderen von der Annahme, dass die Zinsen am US-Kapitalmarkt wieder sinken würden. Wenn diese beiden Erwartungen enttäuscht werden, wird der US-Aktienmarkt wohl eine Korrektur erfahren, bis die Bewertung wieder auf ein vernünftiges Niveau zurückfindet.

Aber *wann* soll man Aktien kaufen?

Grundsätzlich könnten uns die obigen Überlegungen zu den fundamentalen Variablen der Aktienkursentwicklung einen Hinweis darauf geben, wann und auf welchen Märkten man sich engagieren sollte, falls man in Aktien investieren will. Nun handelt es sich aber bei dem Modell um ein typisches Instrument für einen institutionellen Anleger, der *keinen* langen Anlagehorizont hat, weil er jeweils am Ende des Jahres einen Finanzabschluss auf 12 Monate vorlegen muss. Hier müssen Timing-Überlegungen angestellt werden, damit der Jahresabschluss nach den Vorstellungen der Aktionäre gestaltet werden kann.

Wir haben an anderer Stelle bereits darauf hingewiesen, dass diese Anlagepolitik durchaus nicht in jedem Fall effizient, in einzelnen Fällen sogar suboptimal ist.

Beim privaten Anleger, der tatsächlich einen langen Anlagehorizont hat (oft länger, als er selber glaubt), sollten andere Überlegungen im Vordergrund stehen. Hier liegt der Schlüssel zum Erfolg oft weniger im Timing (also im Zeitpunkt des Aktienkaufs) als vielmehr im Entscheid, sich *überhaupt* am Aktienmarkt zu engagieren.

Wir wollen in der Folge aufzeigen, dass das Timing in der Anlagepolitik des privaten Anlegers in der Regel eine untergeordnete Rolle spielt. Dazu genügt es im Prinzip, uns die Abbildungen 2.1 oder 2.3 im zweiten Kapitel (Aktien versus Obligationen über 70 bzw. 200 Jahre) noch einmal vor Augen zu führen. Dort spielt es keine Rolle, wann man – immer vorausgesetzt, dass die Anlageperiode wirklich 10 oder mehr Jahre beträgt – die Aktien gekauft und wann verkauft hat. Die Investition zahlt sich immer aus[22].

Um die zeitliche Irrelevanz des Kaufentscheides noch etwas plastischer werden zu lassen, wollen wir versuchen, die Gefühlslage eines Anlegers nachzuempfinden, der sich Mitte Oktober 1987 – am Tag vor dem grossen Crash an den weltweiten Aktienmärkten – für den Einstieg in den Aktienmarkt entschieden hat. Losgelöst von irgendwelchen Research-Überlegungen – wie zu jedem anderen Zeitpunkt auch, sagen nämlich im Oktober 1987 etwa gleich viele Spezialisten weiterhin einen Bull-Markt voraus wie eine Korrektur nach unten – gibt unser Anleger seiner Bank den Auftrag, breit in den Schweizer Aktienmarkt (es hätte auch jeder andere sein können, wie wir im Nachhinein wissen) zu investieren. Das nachfolgende Bild zeigt, was in diesem Jahr mit dem Schweizer Aktienindex passiert:

22 Zu den gleichen Schlussfolgerungen kommt auch ZIMMERMANN (1998) in einer Arbeit, in welcher die akademische Literatur zu diesem Thema zusammengefasst wird.

Abbildung 3.5: Die Schweizer Börse im Jahr 1987
(per Anfang Jahr auf 100 indexiert)

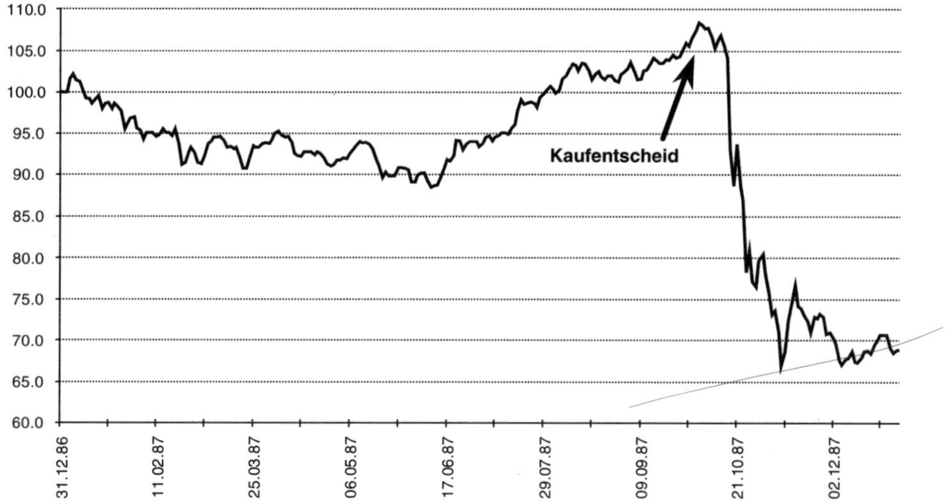

Das Jahr beginnt nicht besonders gut. Der Index verliert bis Mitte Jahr etwa 12% (beiläufig sei erwähnt, dass wir in dieser Zeit einen massiven Zinsanstieg erleben). Dann erfolgt aber ein Sommer-Rallye, das den Index bis in den Oktober hinein um fast 25% in die Höhe schnellen lässt (bei, nota bene, weiter steigenden Zinsen!).

Nun wird der Kaufentscheid gefällt.

Drei Wochen später hat unser Anleger rund 40% des Wertes seiner Anlagen verloren.

Nun zur Gefühlslage.

In solchen Momenten fällt es natürlich schwer, sich zurückzulehnen und sich mit dem langen Anlagehorizont zu trösten – vor allem Anlegern, die das erste Mal in Aktien investieren. Und ist es nicht genau diese Situation, die viele Leute davon zurückhält, Investitionen in Aktien überhaupt zu versuchen? Wie aus der Grafik ersichtlich ist, kann sich der Markt bis Ende Jahr nicht wirklich vom Oktober-Schock erholen.

Unser Investor entscheidet sich aber trotzdem, an seinem langfristigen Anlagehorizont festzuhalten. Wie die nächste Grafik zeigt, zahlt sich diese konsequente Haltung im wahrsten Sinne des Wortes aus.

Abbildung 3.6: Der Schweizer Aktienmarkt seit Januar 1987

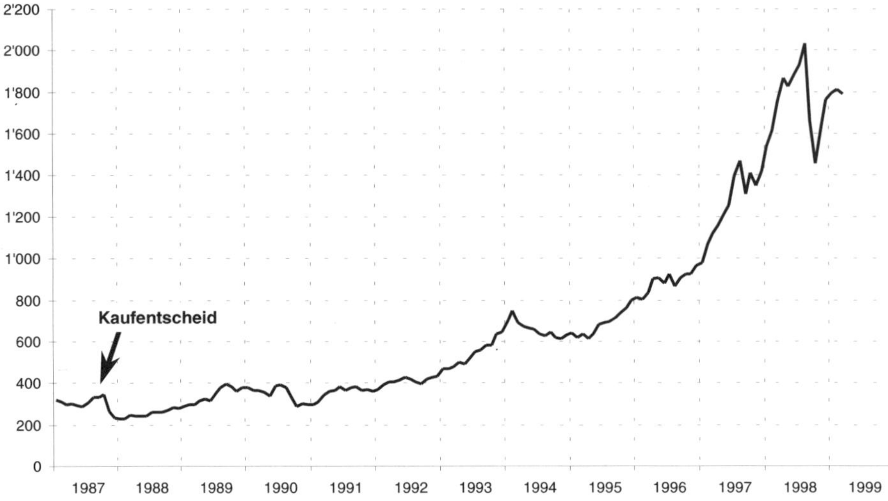

So wie sich der Schweizer Index von Anfang 1987 bis Anfang 1999 entwickelt, versechsfacht sich der Wert der 1987 gekauften Aktien ungefähr bis Ende 1998. Dies trotz der verschiedenen „Crashs", die in der Zwischenzeit zusätzlich stattfinden, so der Zusammenbruch im Sommer 1990 (Einmarsch des Irak in Kuwait), die zinsinduzierte Baisse von 1994 und der Russland-Crash 1998. Über die gesamte Zeitdauer erwirtschaften die Gelder am Schweizer Aktienmarkt eine durchschnittliche Rendite von rund 15% p.a. Natürlich erlebt unser Anleger während dieser Periode Phasen mit phantastischen Rekorden mit. In diesem Sinne mag die Zeitspanne nicht repräsentativ sein. Auf der anderen Seite fallen in diese Zeit auch einige der grössten Crashs, die die globalen Aktienbörsen je erlebt haben.

Welche Zeitperiode ist also schon repräsentativ?! Aktienmärkte weisen eine hohe kurzfristige Volatilität auf, was wir bereits gesehen haben. Deswegen erbringen sie längerfristig ja auch eine höhere Rendite. Wieder ziehen wir die gleiche Schlussfolgerung: Wenn man konsequent genug ist und nicht auf die kurzfristige Volatilität achtet, wird man längerfristig durch eine höhere Rendite entschädigt.

Die oben analysierte Investition weist eine echte so genannte Buy-and-Hold-Performance auf. Die Aktien werden einmal gekauft und dann gehalten. Wegen der diskutierten Informationseffizienz der Märkte fiele das Ergebnis wahrscheinlich wesentlich schlechter aus, wenn unser Investor versuchen würde, immer wieder so genannte Timing-Entscheide zu fällen in der Illusion, er (oder sein Berater) wüsste, wann gerade der richtige Moment für einen Kauf oder einen Verkauf gekommen sei. Diese Aussage wollen wir im Folgenden etwas genauer unter die Lupe nehmen.

Abbildung 3.7 zeigt den Total-Market-Index der Bank Vontobel von Anfang 1973 bis Mitte 1998 in Wochenwerten. Er umfasst 1'350 Wochen, die durchschnittliche Performance p.a. beträgt rund 9,5%.

Abbildung 3.7: Vontobel-DS Swiss Total Market Index

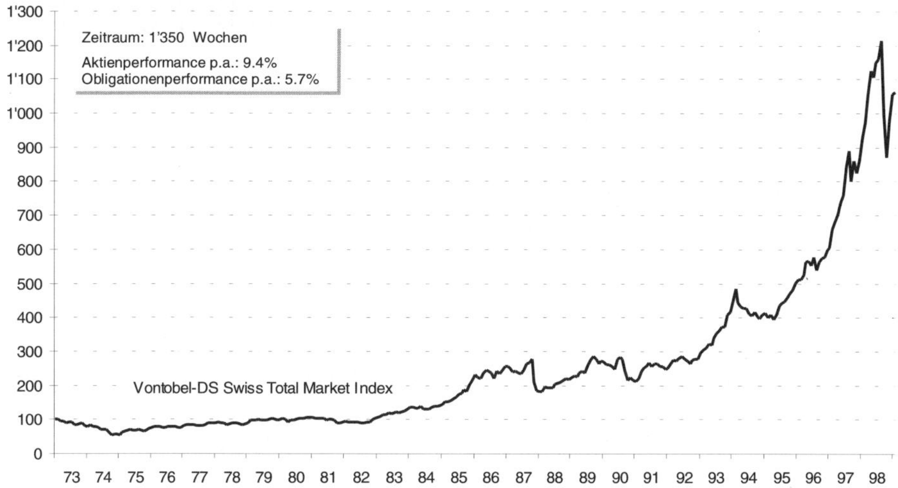

Quelle: Eigene Berechnung aufgrund von Daten von Datastream

Zur Verdeutlichung stellen wir in Abbildung 3.8 die 10 besten und die 10 schlechtesten Wochen mit ihren jeweiligen Daten gesondert dar.

Abbildung 3.8: Performance der 10 besten und die 10 schlechtesten Wochen in den Jahren 1973 bis 1998

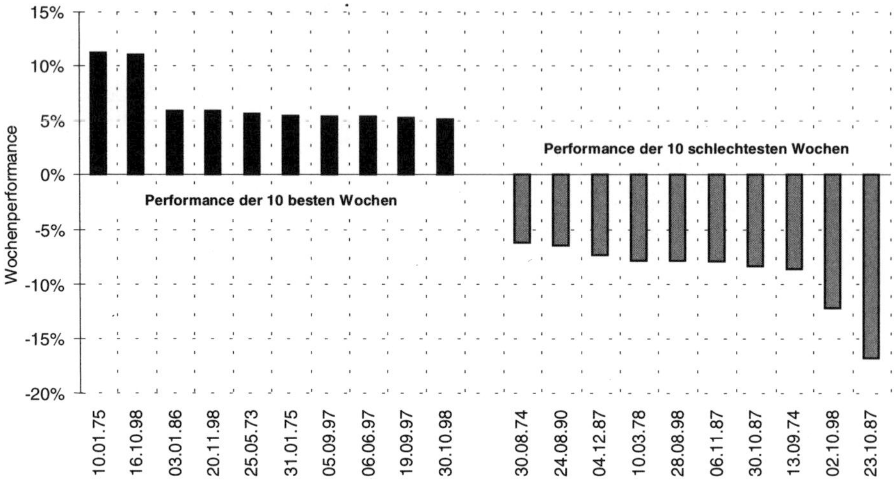

Die schlechteste Woche liegt mit einem Minus von rund 17% im Oktober-Crash von 1987. Die besten Wochen sind im Januar 1975 mit einem Plus von rund 12% sowie, in ähnlicher Grössenordnung, im Oktober 1998 anschliessend an den Crash. Um zu verdeutlichen, dass Timing-Strategien einem Anleger meistens mehr schaden als nützen, erläutern wir anhand von Abbildung 3.9 die Konsequenzen, die sich ergeben, wenn man während einiger der besten Wochen *nicht in Aktien investiert* war.

Abbildung 3.9: Vontobel-Index abzüglich der besten Wochen seit 1973

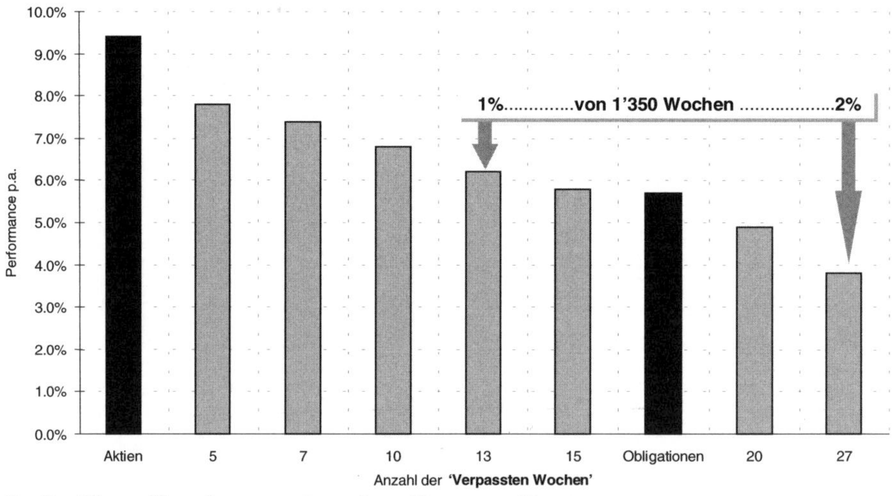

Quelle: Eigene Berechnung aufgrund von Daten von Datastream

Auf der vertikalen Achse sind die durchschnittlichen Performances p.a. je nach Strategie eingetragen, auf der horizontalen Achse die Anzahl der besten Wochen, während denen man nicht im Aktienmarkt investiert war. Die erste Säule zeigt die Gesamtperiode, d.h. den Fall einer echten Buy-and-Hold-Strategie. Man hat dort die Aktien im Januar 1973 gekauft und dann einfach liegen gelassen. Die Performance liegt bei den bereits erläuterten 9,5%. Bei der zweiten Säule fehlen die besten 5 Wochen der gesamten Zeitdauer, wobei die Performance von 9,5% auf 7,8% fällt (diese 5 Wochen sind, nota bene, gerade einmal 0,4% der Gesamtwochen!). Die dritte Säule stellt die Performance dar, wenn man während der besten 7 Wochen nicht investiert hat, u.s.w. Wenn man rein zufällig in ungefähr einem Prozent der besten Wochen kein Geld angelegt hat, erreicht man eine Performance, die nur unwesentlich besser ist als die von Obligationen. Fallen sogar zwei Prozent der besten Wochen weg, liegt die durchschnittliche Performance des Aktienportfolios gar ca. 35% unter der eines einfachen Obligationenportefeuilles. Dabei ist noch zu beachten, dass wir die Analyse ohne Berücksichtigung von Transaktionskosten vorgenommen haben, die das Ergebnis für den Investor noch einmal wesentlich schmälern würden.

Nun kann man einwenden, dass diese Analyse vielleicht schon richtig sei, man aber eben für eine Timing-Strategie die richtigen Wochen erwischen müsse. Das ist grundsätzlich korrekt, nur verweisen wir auch hier wieder auf die Hypothese der effizienten Märkte, die besagt, dass genau dies nicht möglich sei. Hinzu kommt, dass die besten Renditen oftmals in Wochen erreicht werden, in denen man sie am wenigsten erwartet. Wer sich vor Augen führt, welch katastrophale Stimmung an den weltweiten Finanzmärkten Anfang Oktober 1998 (während des Russland-Crashs) herrschte, kann wohl kaum glauben, dass die zweite Oktoberwoche eine der besten war, die die Aktienmärkte überhaupt jemals gesehen haben. Unser Investor, den wir oben die langfristige Buy-and-Hold-Strategie haben anwenden lassen, wäre wohl kaum ausgerechnet Anfang Oktober 1998 zu Investitionen bereit gewesen, wenn wir ihm die Möglichkeit eingeräumt hätten, Timing-Entscheide zu fällen.

Zu einem ähnlichen Ergebnis wie wir kommt eine Analyse, die kürzlich von der Research-Firma Dr. G. Landert veröffentlicht und in der Neuen Zürcher Zeitung kommentiert wurde. Dort erfolgte eine Untersuchung des Swiss Performance Index zurück bis 1990 mit 2'382 Tagesdaten. Die durchschnittliche Performance p.a. beträgt 15,8%. Landert zeigt, dass sie auf eine Geldmarktperformance von 4,7% sinkt, wenn man die besten 30 Tage verpasst, wobei es natürlich kein Zufall ist, dass die beiden besten Tage dieser Stichprobe mit 6,54% und 5,13% in der zweiten Oktoberwoche 1998 liegen. Die NZZ schreibt dazu treffend: „Aus diesem Grund halten Langzeit-Investoren nichts von Timing. Auch wenn schwache Börsenphasen länger als ein Jahr anhalten, denken sie nicht daran, die mittelfristige Börsentendenz zu prognostizieren und halten den Versuch zum Aus- und Wiedereinstieg für wenig Erfolg versprechend. Die Börsenwahrheit ‚Hin und her macht Taschen leer' hat für sie eine Bedeutung, die über die belasteten Transaktionsspesen hinausgeht."

Zusammenfassung

In diesem Kapitel sind wir der Frage nachgegangen, *wann* man Aktien kaufen soll, wenn man sich einmal dafür entschieden hat, Aktien zu halten.

Dabei wurde zunächst dargestellt, wie die Preisbildung an Finanzmärkten funktioniert, und der Frage nachgegangen, ob diese Mechanismen irgendwelche Hinweise auf einen günstigen Zeitpunkt für eine Aktieninvestition liefern. Mit Hilfe der Theorie der effizienten Märkte, die besagt, dass jeder Kurs in jedem Moment alle preisrelevanten Informationen bereits enthält, sind wir dann zum Schluss gekommen, dass es wohl den „richtigen" Zeitpunkt für den Einstieg in den Aktienmarkt nicht gibt bzw. dass jeder Moment genau gleich gut oder schlecht ist wie jeder andere. Des Weiteren haben wir festgestellt, dass bei einem langfristigen Anlagehorizont das Datum eines Kaufes praktisch irrelevant wird. Deshalb soll man grundsätzlich immer dann Aktien kaufen, wenn man Mittel zur Verfügung hat, die man längerfristig investieren kann. Weder der Banker noch die Wirtschaftszeitung, noch der Aktienguru kennen den optimalen Termin besser als der Anleger selbst.

In den letzten Jahren sind an den Anlagemärkten Möglichkeiten geschaffen worden, um die Timing-Unsicherheit für private Anleger etwas zu verkleinern. Im Prinzip handelt es sich dabei um einfache so genannte Sparpläne, bei denen regelmässig ein Betrag automatisch in irgendwelche Anlageprodukte (z.B. in Anlagefonds) investiert wird. Durch diese Regelmässigkeit erfahren natürlich die jeweiligen Einstandspreise eine Art Nivellierung auf einen Durchschnittspreis, und insbesondere wird die Anlagedisziplin von emotionalen Markteinschätzungen abgetrennt, was im Normalfall der Performance nur zuträglich ist. Mit Sparplänen entstehen übrigens ähnliche Effekte wie bei vielen institutionellen Anlegern, die durch die laufenden Kapitalzuflüsse ja immer wieder zu Neuinvestitionen gezwungen werden, falls sie ihre Anlageallokation einigermassen konstant halten, d.h. einen einigermassen disziplinierten Allokationsprozess aufweisen wollen.

Kapitel 4

Welche Aktien kaufen Sie? – Alle

Bei der Frage, ob wir anlagestrategisch Aktien kaufen *wollen, können* oder *sollen,* sind wir zunächst von der Definition des Anlagehorizontes ausgegangen und haben festgestellt, dass der eigentliche Zeitpunkt für den Einstieg in den Aktienmarkt wahrscheinlich keine besonders grosse Rolle spielt, solange wir über einen langfristigen Anlagehorizont verfügen. Wir sind aber bei unseren Überlegungen stets von einem breiten Aktienmarkt, d.h. im Normalfall von irgendeinem Aktienindex (dem Dow Jones oder S&P für die USA, dem DAX für Deutschland, dem SMI, dem SPI oder einem anderen breiten Index für die Schweiz) ausgegangen.

Die Frage, die wir in den nächsten zwei Abschnitten beantworten wollen, lautet deswegen, *welche* Aktien oder Anlageinstrumente man konkret kaufen soll, wenn man sich ein Portefeuille zusammenstellen will. Die einschlägigen Medien halten natürlich grosszügig Ratschläge bereit. Jede Tages- oder Wochenzeitung verfügt heute über eine Anlagekolumne, in welcher ein „Anlageonkel" seine Weisheiten verkündet. Leider wechseln dort die empfohlenen Titel aber sehr schnell, und die Argumente für oder gegen eine Aktie sind oft schon veraltet, bevor die Druckerschwärze trocken ist. Hinzu kommt – es sei wieder an die Informationseffizienz eines jeden Börsenkurses erinnert –, dass wir davon ausgehen, dass es die „heissen Tipps" ja eh nicht gibt – weder von einer Tageszeitung noch von sonst jemandem. Wir schenken ihnen deshalb besser überhaupt keine Beachtung.

Der Grundsatz der Diversifikation

Wie wir in der Folge kurz darstellen wollen, hilft die moderne Portfoliotheorie auch bei diesem Problem weiter. Bereits im zweiten Kapitel haben wir ein Risiko-Ertrags-Modell verwendet und in Abbildung 2.18 konkret dargestellt, wie die Kombination zweier Anlageformen (Aktien und Obligationen) zur Risikoreduktion führt. Dasselbe Konzept ist auch für die Analyse einzelner Aktien nützlich.

Abbildung 4.1: Effizienzgrenze von RENTENANSTALT- und ABB-Aktien (1990–1998)

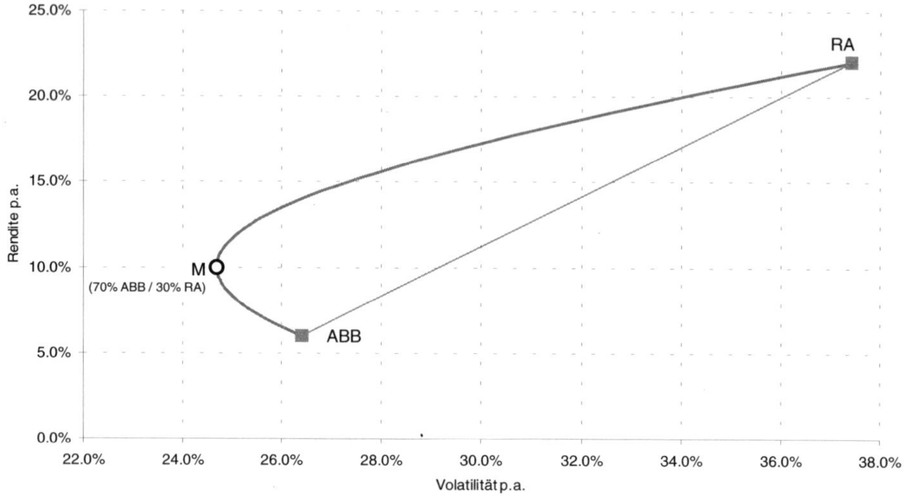

Abbildung 4.1 zeigt als illustratives Beispiel die Risiko-Ertragskombinationen der beiden Schweizer Aktien von ABB und RENTENANSTALT. Die RENTENANSTALT-Aktie erbringt von 1990 bis 1998 eine durchschnittliche Rendite p.a. von rund 22% bei einer Volatilität von 37,5%, die ABB-Aktie einen Ertrag von 6% bei einer Streubreite von 26,5%. Da sich die beiden Titel üblicherweise nicht in Abhängigkeit voneinander bewegen, entstehen durch geschickte Mischungen (z.B. im Punkt M 70% ABB und 30% RA) jeweils Portfolios, die bei einem Ertrag zwischen 6% und 22% das Risiko für jeden der beiden Einzeltitel vermindern. Diese Aussage ist an sich trivial und eigentlich nicht viel mehr als ein Ausdruck davon, dass man auch bei der Geldanlage nicht „alle Eier in einen Korb legen" soll.

Wenn wir nun zu diesen beiden Titeln noch einen dritten hinzufügen – z.B. die Aktie der SULZER (SUN), die in der oben erwähnten Periode eine Rendite p.a. von 5% bei einer Volatilität von 31% aufweist –, dann entsteht das folgende Bild:

Abbildung 4.2: Effizienzgrenze von RENTENANSTALT-, ABB- und SULZER-Aktien (1990–1998)

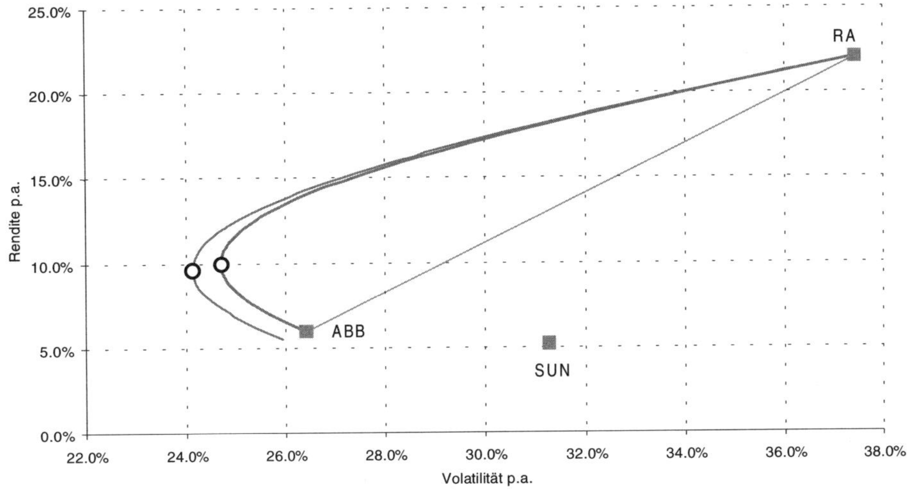

Zum einen lassen sich nun für die drei Aktienpaare eigene Portfolios berechnen, zum anderen können wir aber auch aus drei Titeln Portfolios konstruieren, deren Volatilitätsbereiche auf der äusseren, d.h. günstigeren Kurve liegen. Mit den drei Titeln erreichen wir offensichtlich immer ein tieferes Risiko (oder einen höheren Ertrag) als mit den jeweiligen 2-Aktien-Portfolios (innere Kurve). Vom Risikostandpunkt aus betrachtet (Risiko wird hier jetzt wieder mit der kurzfristigen Volatilität definiert!) schneidet das 3-Aktien-Portfolio immer besser ab.

Diese Erkenntnis lässt sich nun auch auf 4 und mehr Aktien ausdehnen, und wir stellen Folgendes fest: Je mehr einzelne Aktien wir in ein Portfolio aufnehmen, je stärker wir – mit anderen Worten – diversifizieren, desto erfolgreicher reduzieren wir das kurzfristige Schwankungsrisiko, und zwar soweit, bis wir beim so genannten Marktrisiko angelangt sind. Sobald wir einmal alle Aktien gekauft haben, die im Index enthalten sind, haben wir bei identischer Gewichtung natürlich dessen Ertrag und Risiko.

Die nächste Abbildung macht deutlich, dass wir mit dem Index tatsächlich denjenigen „Titel“ unter den SMI-Werten haben, der das geringste Risiko aufweist.

Abbildung 4.3: Risiko-Ertrags-Eigenschaften der SMI-Titel 1990 bis 1998

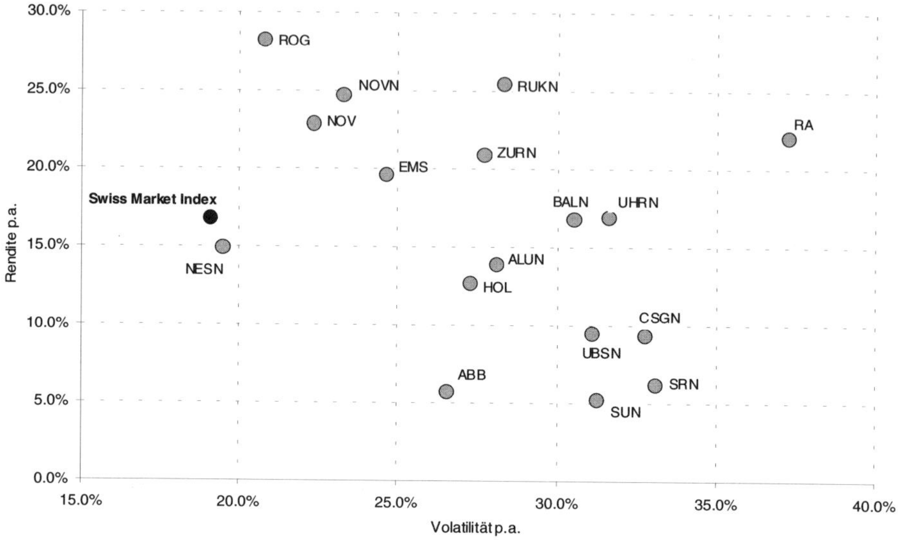

Die Grafik zeigt die Positionen der einzelnen Schweizer Blue Chips (Aktien mit grosser Börsenkapitalisierung) von 1990 bis 1998 in Abhängigkeit von Risiko und Ertrag jeweils mit dem entsprechenden Kürzel. Der Punkt „Swiss Market Index" stellt die Risiko-Ertrags-Konstellation des Aktienindexes (oder eben eines Portfolios, das wie der Index zusammengesetzt ist) dar. Es ist offensichtlich, dass eine Minimierung des (kurzfristigen) Risikos in diesem Kontext zunächst einmal heisst, dass man entweder direkt den Index übernimmt oder sonst in seiner Nähe investiert. Der erwartete Ertrag einer solchen Anlage ergibt sich aus dem gewogenen Ertragsmittel der Einzelanlagen.

Zur oben stehenden Darstellung gibt es einiges zu bemerken:

(i) Zunächst einmal ist es wichtig zu wissen, dass sich dieses Prinzip relativ konsistent über die Zeit und für verschiedene Märkte bewahrheitet. So zeigt beispielsweise Abbildung 4.4 die Risiko-Ertrags-Eigenschaften der grossen Titel (Blue Chips) am deutschen Aktienmarkt.

Abbildung 4.4: Risiko-Ertrags-Eigenschaften der DAX-Titel von 1990 bis 1998

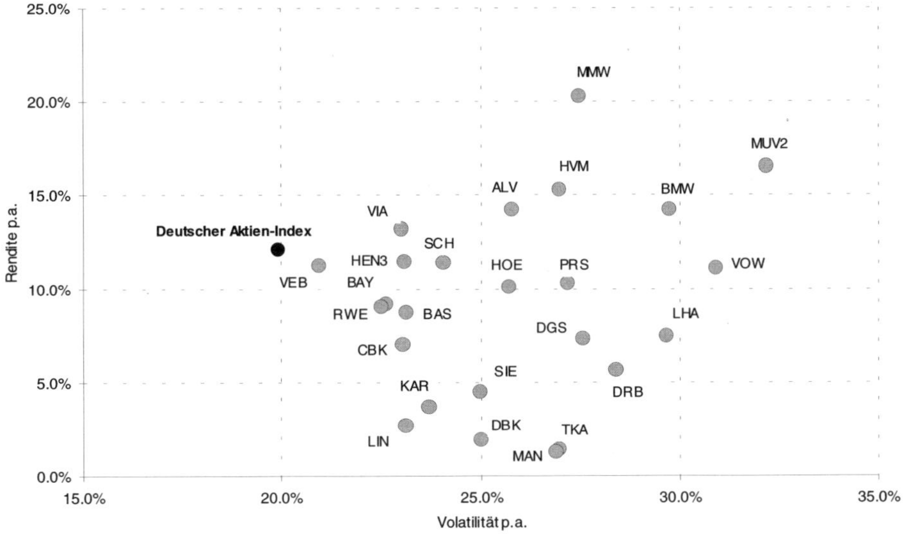

Auch in dieser Zusammenstellung entspricht der Index dem „Titel" mit dem kleinsten Risiko. Die Konsistenz des Prinzips zeigt sich auch daran, dass es in der wissenschaftlichen Literatur praktisch unbestritten ist[23].

(ii) Des Weiteren ist (vielleicht) kritisch zu bemerken, dass ein Index zwar jeweils den „Titel" mit dem kleinsten Risiko darstellt, aber auch nur einen durchschnittlichen Ertrag aufweist.

Wir haben zu Beginn unserer Abhandlung schon gefragt, ob man sich denn mit dem Durchschnitt wirklich zufrieden geben muss. Wir wissen nämlich schon im Voraus sicher, dass wir mit dem Index beim Durchschnitt landen werden, obwohl wir ihn erst im Nachhinein berechnen können. Wir wissen aber nicht, welche Titel über die nächsten Jahre besser als der Durchschnitt sein werden. Wenn wir *die* kennen würden, müssten wir uns den Index nicht ansehen. Nur wüssten dies dann wohl alle anderen auch und die Information wäre bereits im Preis des Titels enthalten.

(iii) Schliesslich stellt sich noch die Frage, ob denn die Volatilität in diesen Darstellungen relevant ist, nachdem wir im 2. Kapitel erläutert haben,

23 Vgl. als eines von vielen Beispielen RUDOLF (1994, 1996).

dass wir mit unserem langfristigen Anlagehorizont ja eher auf das Shortfall-Risiko (also das Risiko, überhaupt Geld zu verlieren) abzielen, das sich mit zunehmendem Anlagehorizont sowieso verringert.

Es ist zwar richtig, dass bei der Beurteilung einer einzelnen Aktie – und dies gerade bei einem langen Anlagehorizont – auch andere Gesichtspunkte als nur das kurzfristige Schwankungsrisiko eine Rolle spielen (z.B. die Produkte der Unternehmung, das Geschäftsgebahren oder das Firmenimage). Trotzdem sollte bei der Portfoliozusammenstellung die Diversifikation immer als schlichtweg *oberstes Prinzip der Kapitalanlage* gelten. Auf eine Reihe firmenspezifischer Argumente werden wir weiter unten noch einmal zu sprechen kommen. Zum Shortfall-Risiko unserer Anlagen gilt es zu sagen, dass die Reduktion der kurzfristigen Volatilität durch Diversifikation auch zu geringeren Verlustwahrscheinlichkeiten bei längerfristigem Horizont führt.

Nun hat aber das Konzept der Diversifikation von Aktienportfolios noch einen weiteren interessanten Hintergrund, den wir anhand der nachfolgenden Grafik ausführen wollen.

Abbildung 4.5: Schwankungsrisiko und Diversifikation

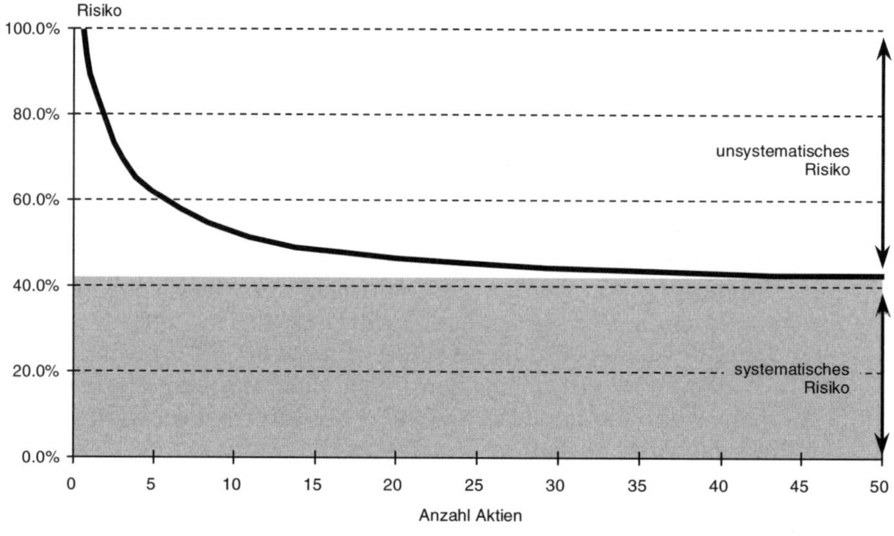

Auf der vertikalen Achse in Abbildung 4.5 ist das Schwankungsrisiko eines Aktienportfolios eingetragen, auf der horizontalen Achse die Anzahl der Titel, aus denen ein Aktienportfolio besteht. Die Kurve zeigt auf, dass das Schwankungsrisiko eines Portfolios umso kleiner wird, je mehr unterschiedliche Aktien es enthält. Bei 15 bis 20 unterschiedlichen Aktien kommt man schliesslich etwa beim Indexrisiko an.

Anlagerisiken bis hin zum Indexrisiko werden in der Literatur als *systematische Risiken* bezeichnet, Anlagerisiken, die darüber hinausgehen, als *unsystematische (*oder *titelspezifische*). Wichtig ist diese Unterscheidung deswegen, weil man im Rahmen finanztheoretischer Untersuchungen zeigen konnte, dass in der Portfoliopraxis nur gerade die systematischen Risiken durch zusätzliche (erwartete) Erträge belohnt werden, nicht aber die unsystematischen Risiken.[24] Mit anderen Worten: Unsystematische Risiken, die sich aufgrund ungenügender Diversifikation ergeben – wenn man also z.B. nur zwei, drei oder vier unterschiedliche Titel in seinem Aktienportfolio hält –, werden im Normalfall nicht durch höhere Erträge abgegolten, lohnen sich also nicht.

Dies hat nicht zuletzt für kleinere oder mittlere Portfolios oder Vermögen wichtige Konsequenzen. Die Grafik zeigt, dass eine vernünftige Diversifikation erst mit einer Titelanzahl von 15 oder mehr erreicht wird. Nun werden aber in vielen Ländern noch immer relativ schwere Titel (Aktien, die pro Stück relativ teuer sind) gehandelt und Käufe kleiner Stückzahlen häufig durch hohe Kommissionsansätze bestraft. Dies führt dazu, dass oft gerade Kleinanleger bei der Direktinvestition in Aktien die grössten (d.h. unsystematischsten) Risiken eingehen, die noch nicht einmal die Zeit (bzw. der Zeithorizonteffekt) vollständig zu vermindern vermag.

Auf diesen Überlegungen beruht natürlich auch die Antwort auf die Frage, die wir mit dem Titel des Kapitels, nämlich „Welche Aktien kaufen Sie?", gestellt haben. Sie kann nur „möglichst viele" lauten, weil man nur dadurch das unsystematische Risiko aus seinem Portfolio eliminiert. Tatsächlich gehört das Eingehen unsystematischer Risiken mit den strategischen Anlagepositionen zu den häufigsten, aber auch unnötigsten Fehlern der Kapitalanlage.

Die Anbieter von Investitionsinstrumenten haben sich in den letzten Jahren dieses Problems angenommen und ihre Produktepalette systematisch ausgebaut. Das Ergebnis stellt eine Anlagefondsauswahl dar, die praktisch keine Wünsche mehr offenlässt. Der Fonds ist tatsächlich das einzige Anlagevehikel, das es heutzutage bei einem kleineren und mittleren Vermögen erlaubt, auf vernünftige Art und Weise unsystematische Risiken zu

24 Vgl. hierzu beispielsweise Sharp (1978).

vermeiden. Nur mit dem Anlagefonds (oder mit Indexinstrumenten, die heute ebenfalls in ziemlich grosser Zahl zur Verfügung stehen) kann ein privater Investor an genügend Einzeltiteln partizipieren, um unsystematische Risiken zu vermeiden.[25]

Für den Fondsanleger entstehen neben der systematischen Diversifikation noch eine Reihe weiterer Vorteile. So braucht er nicht mehr alle Unternehmensmeldungen und -studien zu analysieren, damit er weiss, welche Aktien nun gerade lohnend sind. Er hat im Prinzip ein „Outsourcing" seiner Vermögensverwaltung vorgenommen, was ihm mehr Zeit für andere Tätigkeiten lässt. Es bleibt jedoch anzumerken, dass die Auswahl der Fonds heute ebenfalls nicht mehr zu den ganz trivialen Unterfangen gehört. Aber auch hier bieten theoretische Einsichten Hilfestellungen an,[26] deren Besprechung wir uns aber für ein späteres Kapitel aufsparen.

Internationale Diversifikation

Aus der wissenschaftlichen Empfehlung von Diversifikationsstrategien und dem gestiegenen Verständnis dafür, welche Rolle die Korrelation verschiedener Anlagen in der Performance eines Portfolios spielt, ist der Wunsch nach möglichst unkorrelierten Investitionsmöglichkeiten entstanden. Was lag bei der generellen Globalisierung der Wirtschaft in den Industrieländern näher, als die Korrelationseigenschaften unterschiedlicher internationaler Aktien-, aber auch Bondmärkte näher zu untersuchen. In der Tat hat sich gezeigt, dass die Volatilität von Aktienportefeuilles durch eine systematische internationale Diversifizierung noch einmal markant reduziert werden kann, und zwar ohne auf Ertrag verzichten zu müssen.[27]

Um dies zu verdeutlichen, greifen wir auf das bereits eingeführte Risiko-Ertrags-Modell zurück.

---

25 Für eine Vertiefung dieser Überlegungen vgl. z.B. HERI (1996), S. 293 ff.

26 Übrigens kann auch das Internet bei der Auswahl hilfreich sein. Als Beispiel dafür sei www.fundlab.com genannt. Auf dieser Website findet der Anleger praktisch alle notwendigen Informationen für eine grosse Anzahl in Europa vertriebener Anlagefonds.

27 Wichtige Arbeiten zu diesem Thema stammen von Bruno SOLNIK, vgl. z.B. SOLNIK (1988). Vgl. aber auch z.B. RUDOLF (1996) und die dort angegebene Literatur.

Abbildung 4.6: Effizienzgrenze zwischen der Schweiz und Grossbritannien im Anlagezeitraum von 1990 bis 1998

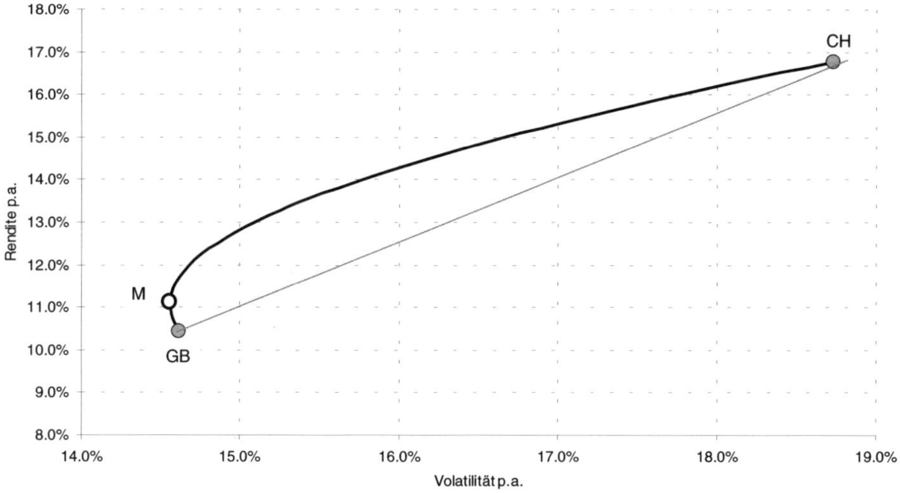

Genau wie in Abbildung 4.1 mit ABB- und RENTENANSTALT-Aktien können wir mit den Aktienindices beispielsweise der Schweiz und Grossbritanniens verfahren. Der Punkt GB zeigt, dass der britische Aktienmarkt in der Zeit von 1990 bis 1998 im Durchschnitt eine Rendite p.a. von 10,5% bei einer Volatilität von 14,5% aufweist. Der Schweizer Markt erbringt über die gleiche Periode bei einem Risiko von rund 19% ca. 17% Ertrag. Weil die beiden Aktienmärkte nicht über einen perfekten Gleichlauf verfügen, entsteht durch eine vernünftige Mischung ein Portfolio, das ein geringeres Schwankungsrisiko aufweist als die beiden Märkte für sich. Der Ertrag liegt dabei zwischen den Erträgen der beiden Anlagen (beispielsweise gilt dies für Portfolio M). Wenn wir noch weiter gehen und eine ganze Palette internationaler Aktienmärkte in unsere Überlegungen einbeziehen, ergibt sich das folgende Bild:

Abbildung 4.7: Risiko-Ertrags-Eigenschaften internationaler Aktien von 1990 bis 1998

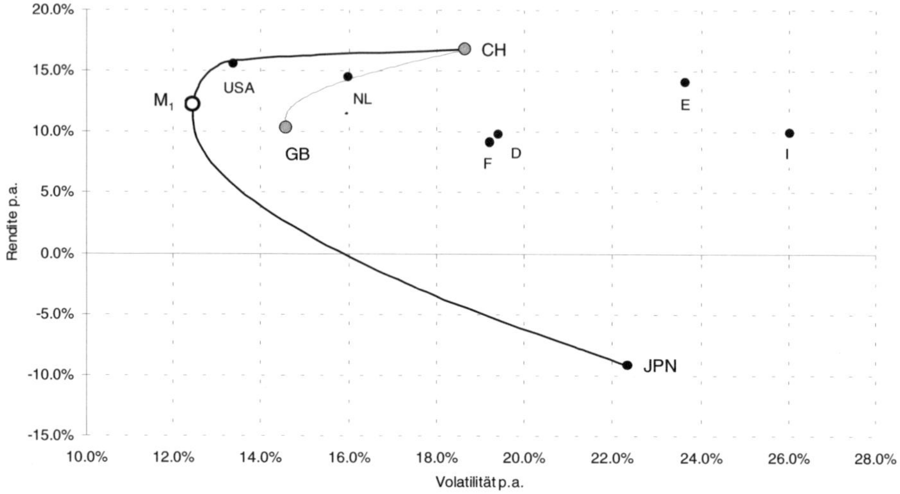

Die einzelnen Punkte entsprechen wiederum der Risiko-Ertrags-Konstellation der einzelnen internationalen Märkte über die Jahre 1990 bis 1998.

Neben unserem Schweiz-Grossbritannien-Portfolio sind nun weitere Portfoliomöglichkeiten (auf der Kurve von M_1 ausgehend) eingetragen, die sich bei Investitionen in eine wesentlich grössere Anzahl von Märkten ergeben. Es ist offensichtlich, dass man für jede Risikoklasse bessere Anlagemöglichkeiten findet, wenn man in alle Märkte und nicht nur in der Schweiz bzw. in der Schweiz und in Grossbritannien investiert. Mit dem so genannten Minimum-Risk-Portfolio (Punkt M_1) kann man ausserdem eine weitere markante Risikoreduktion erreichen.

Diese Analysen, die insbesondere in den mittleren bis späteren 80er Jahren die Diskussion in der Portfoliotheorie geprägt haben, zeigen den Vorteil der internationalen Diversifikation deutlich. Sie gelten natürlich nicht nur für einen Schweizer Anleger, sondern generell für jeden Anleger.

Wenn man nun die Diversifikationen in nationale und internationale Märkte miteinander vergleicht, erhält man folgendes Bild:

Abbildung 4.8: Risikoreduktion durch nationale und internationale Diversifikation

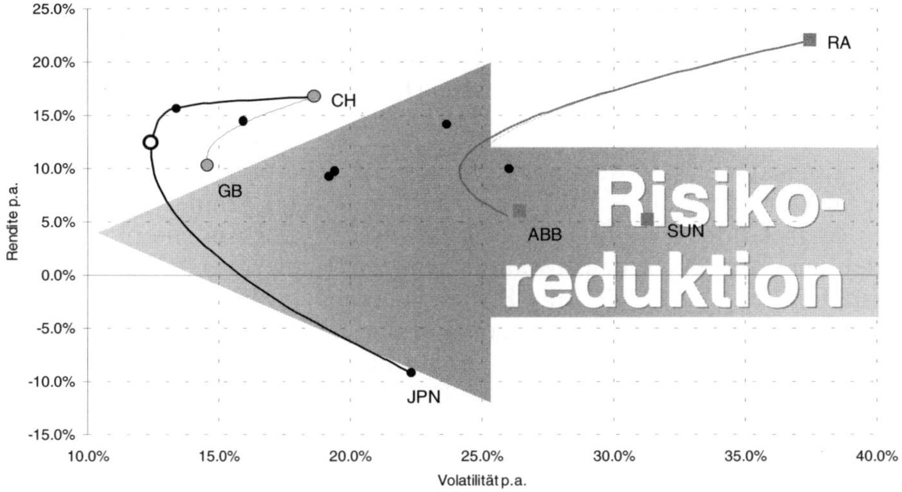

Diese Grafik verdeutlicht die Diversifiskationsvorteile auf eklatante Art und Weise. Wir reduzieren Volatilitäten, die im Einzeltitelbereich (ABB, RENTENANSTALT, SULZER etc.) in der Grössenordnung von 30% liegen, auf etwa 20%, wenn wir im Inland diversifizieren, oder gar auf etwa 15%, wenn wir eine internationale Anlegestrategie verfolgen. Dass wir auch dazu am besten Anlagefonds verwenden, sollte aus den Überlegungen im letzten Abschnitt deutlich geworden sein.

Wir sind für die oben stehenden Darstellungen davon ausgegangen, dass wir das Währungsrisiko, das eine internationale Anlagestrategie birgt, ohne Absicherung eingehen. Eine teilweise Absicherung der Währungsrisiken kann unsere Situation hier noch verbessern, allerdings dürften dies dann Strategien sein, die eher erfahrenen Investoren vorbehalten sein sollten.[28]

Internationale Diversifikationsstrategien werden seit ca. 15 Jahren „gepredigt“ und damit auch vermehrt angewandt. Wie oft bei Theorien in den Sozialwissenschaften ist auch bei dieser der Fall eingetreten, dass sie umso weniger stimmte, je mehr Leute an sie glaubten und ihr gemäss handelten. Wie ist dies zu erklären?

28 Vgl. hierzu RUDOLF (1996), S. 123 ff.

Die Vorteile der Diversifikation ergaben sich ursprünglich daraus, dass die Märkte international über einen nicht allzu grossen Gleichlauf (d.h. über tiefe Korrelationen) verfügten. Je mehr die Investoren nun aber diese Strategie gebrauchten, desto grösser wurde natürlich der Gleichlauf der Märkte (die Anleger verhalten sich ja auf den internationalen Märkten im Zweifelsfalle nicht anders als auf den Heimmärkten) und desto geringer der Diversifikationseffekt.

Die Konsequenz war, dass man sich von den traditionellen Märkten immer weiter entfernte und sich in der Hoffnung, man könne von niedrigeren Korrelationen profitieren, den asiatischen, den südamerikanischen oder den osteuropäischen zuwandte. Das funktionierte eine Weile gut, bis man dann in jüngster Zeit die Erfahrung machen musste, dass exotische Märkte wegen ihrer sehr geringen Liquidität für die grossen Portfoliomanager dieser Welt – die selber einen stets zunehmenden Anlagebedarf haben – schlichtweg zu klein sind. Der Einbezug dieser Märkte führte neben steigenden Korrelationen in den aufstrebenden Ländern zu den eklatanten Kursausschlägen, die wir vor allem in den Jahren 1997 bis 1999 erlebten.

In der zweiten Hälfte der 90er Jahre sind es nun vor allem die alternativen Anlageklassen wie Private Equity, Venture Capital, Hedge Funds und Ähnliches, von denen sich die grossen institutionellen Anleger tiefe Korrelationen mit den Standardmärkten erhoffen.

Im Übrigen ist man besonders in Kontinentaleuropa daran, eine Diversifikation eher im Sektoren- als im Länderbereich anzustreben. Denn man sieht die europäischen Aktienmärkte mit dem Übergang zum Euro mittelfristig zusammenwachsen, und man vermutet in den nächsten Jahren zwischen den Sektorenindices eher tiefere Korrelationen als zwischen den Länderindices.[29]

Wie auch immer die Entwicklungen in diesen Bereichen aussehen werden, durch das kompetitive Umfeld im Bereich der Anlagefonds – das oben bereits skizziert wurde – ist sichergestellt, dass für kleinere Institutionelle, aber auch für private Anleger heutzutage sehr rasch Fondsprodukte entwickelt werden, die es erlauben, schnell und effizient (und ohne unsystematische Risiken!) an diesen Trends teilzunehmen.

29 Siehe hierzu beispielsweise FREIMANN (1998).

Zusammenfassung

Wir haben in diesem Kapital aufzuzeigen versucht, dass man bei der Zusammenstellung der konkreten Anlageprodukte sowie bei der Planung einer langfristigen Aktienstrategie durchaus auf die Erkenntnisse der modernen Portfoliotheorie zurückgreifen kann. Wir haben gesehen, dass es sich auch hier nicht lohnt, irgendwelche „heisse Tipps“ zu befolgen, sondern dass es vernünftig ist, die Strategie einer sehr weitgehenden Diversifikation anzuwenden. Das heisst, dass man zum einen in möglichst viele Titel des Heimmarkts investiert und zum anderen ebenfalls möglichst breit diversifizierte internationale Aktienportfolios hält. Als die entscheidende Einsicht gilt, dass man bei schlechter Diversifikation (d.h. wenn man nur in ein paar wenige Titel investiert) Risiken eingeht, für die man im Normalfall keine Entschädigung erwarten kann.

Bei den Investitionsinstrumenten, die sich für diversifizierende Strategien aufdrängen – sie sind teilweise geradezu als Antwort auf die theoretischen Erkenntnisse entstanden – handelt es sich um Anlagefonds. In den letzten Jahren sind sie auch in Kontinentaleuropa wie Pilze aus dem Boden geschossen und decken auch die theoretisch abgeleiteten Bedürfnisse privater und institutioneller Anleger in adäquater Art und Weise ab. Daneben lösen sie für viele Investoren ein nicht zu vernachlässigendes Informationsproblem. Wer verfügt nämlich schon über die Zeit und die Ressourcen, um rund um die Uhr und rund um den Globus die relevanten Informationen für alle Märkte zu verarbeiten? Nur so könnte man aber über alles auf dem Laufenden sein, was die Tausenden von Aktienkursen und Bondpreisen weltweit beeinflusst.

Die Menge der in den letzten Jahren entstandenen Fondsvehikel stellt für den Investor natürlich ein Auswahlproblem dar, das man nicht vernachlässigen darf. Damit wollen wir uns im nächsten Kapitel beschäftigen. Des Weiteren interessiert uns auch die Frage, was das oben genannte „rund um die Uhr und rund um den Globus“ zu bedeuten hat. Vielleicht geben uns die Erkenntnisse der modernen Portfoliotheorie auch dazu ein paar Hinweise, die uns die Arbeit erleichtern.

Kapitel 5

Märkte wissen ziemlich viel

Die Summe der Versuche,
das Unmögliche möglich zu machen,
macht das Mögliche am Schluss unmöglich.

Noch einmal: Die Theorie effizienter Märkte

Wir haben in den letzten Kapiteln die Theorie effizienter Märkte schon mehrfach beschrieben, und wenn wir nun ein Kapitel mit dem Titel „Märkte wissen ziemlich viel" überschreiben, dann geht es natürlich nicht darum, dem „Markt" irgendein Bewusstsein zuzuschreiben, sondern den oben verschiedentlich verwendeten Begriff der Informationseffizienz eines Preises oder Kursen etwas konkreter auszugestalten.

Marktpreise kommen grundsätzlich dadurch zustande, dass jemand bereit ist, eine gewisse Menge eines Gutes jemand anderem zu einem bestimmten Preis zu überlassen, der diese Menge zu ebendiesem Preis kaufen will. Nun unterscheiden sich die Angebots- und Nachfragestrukturen der Gütermärkte ein wenig von denjenigen der hier diskutierten Finanzmärkte. An diesen verschiebt sich das Gleichgewicht von Angebot und Nachfrage oft bereits, wenn eine Preisänderung lediglich erwartet wird, auch wenn wir an den Finanzmärkten natürlich Elemente vorfinden, die zu einer Art Basisangebot und Basisnachfrage führen, wie z. B. Verkäufe von Wertschriften, die durch immer wieder entstehende Liquiditätsanforderungen entstehen, oder Käufe institutioneller Anleger, die einen permanenten Cash-Flow-Überschuss aufweisen etc. In der Regel bestimmen aber Marktteilnehmer, die ihre Kaufs- und/oder Verkaufsentscheide aufgrund von Erwartungen vornehmen, die Kursentwicklung. Dabei beruhen diese Erwartungen, wie gesagt, entweder auf dem aktuellen Kurs selbst (man glaubt nicht daran, dass er noch steigt, oder geht davon aus, dass er fällt), das heisst, auf eher technischen Überlegungen, oder aber auf dem fundamentalen Umfeld, so z.B. auf der Gewinnentwicklung einer Unternehmung, dem Zinsumfeld oder Ähnlichem. Diese Erwartungshaltungen bestimmen, ob eine Aktie auf dem aktuellen Kursniveau als attraktiv oder nicht erscheint. Die starken Kursfluktuationen sind dabei ein Zeichen für die Meinungsvielfalt, aber auch für die Unsicherheiten, die der Erwartungsbildung an den Finanzmärkten innewohnen.

Wegen der oben beschriebenen Funktionsweise können wir sagen, dass an den Finanzmärkten so genannte Erwartungsgleichgewichte vorherrschen. Dass es sich um Gleichgewichte handelt, leuchtet wohl ein, denn ein Geschäft kommt ja nur zustande, wenn einem Verkäufer ein Käufer gegenübersteht, der normalerweise über die kurz- oder langfristige Preisentwicklung eine andere Meinung hat als Erstgenannter. Dass die Erwartungen dabei eine grosse Rolle spielen, ist ebenfalls bereits erläutert worden.

Wenn wir nun in der Folge behaupten, dass Märkte relativ viel wissen, dann meinen wir damit, dass im Allgemeinen die Erwartungen, die der Preisbildung zugrunde liegen, richtig sind. Die Marktteilnehmer täuschen sich mit anderen Worten nicht systematisch. Wenn dem so ist, dann wird der Preis selber zu einer wichtigen Informationsquelle. Er widerspiegelt nämlich die durchschnittliche Erwartung, die die Gesamtheit der Marktteilnehmer für eine Aktie aufgrund technischer, aber auch fundamentaler Einschätzungen besitzt, und diese Erwartung sei im Durchschnitt richtig.

Das klingt alles sehr abstrakt. Wenn aber der Preis alle notwendigen und relevanten Information enthält – das heisst alles, was von Analysten, Journalisten, Technikern, Bankern etc. über einen Titel gesagt, geschrieben oder gar gedacht wird, dann kann man sich ja zumindest für kurzfristigere Entscheide einfach nur auf den Preis als Informationsmedium allein verlassen und andere Analysen schlichtweg übergehen.

Überlegungen dieser Art bilden den Kern der bereits beschriebenen Theorie effizienter Märkte, die in der wissenschaftlichen Literatur bereits auf Tausenden von Seiten behandelt worden ist und noch immer heftig diskutiert wird. Wir wollen darauf nicht näher eingehen.[30] Was uns eher interessiert, sind die Konsequenzen der Theorie für die Anlage unserer Gelder.

Folgendes lässt sich in aller Deutlichkeit festhalten: Wenn an den Märkten „informationseffiziente“ Preise gelten, lassen sich Kursänderungen nicht prognostizieren, und wir liegen mit einer einfachen Buy-and-Hold-Strategie, die in den breiten Markt (oder den Index) investiert, gleich gut, wie wenn wir unser Geld irgendwelchen Spezialisten anvertrauen oder den Tipps der Gurus Glauben schenken.

Diese Hypothesen sind empirisch überprüfbar, und in der Folge wollen wir einige davon testen und kommentieren.

30 Eine sehr systematische Zusammenstellung findet sich bei Oertmann (1996).

Empirische Evidenz

Wir beginnen mit einer Provokation. Das Wall Street Journal veranstaltet seit mehreren Jahren einen nicht ganz (oder vielleicht doch?) ernst gemeinten Wettbewerb, bei dem es darum geht, die Performance von Anlageempfehlungen verschiedener Profis mit der Performance von rein zufällig (mittels Dartpfeilwürfen auf die Kursseite des Wall Street Journals) zusammengestellten Portfolios zu vergleichen.[31] Eine Auswertung von 30 dieser Wettbewerbe lieferte folgende Ergebnisse: Das Portfolio der Experten übertraf die Indexwerte 18-mal, das Dart-Portfolio aber auch 15-mal. Nur in 16 Fällen erbrachte das Expertenportfolio jedoch eine höhere Rendite als das Dart-Portfolio, was heisst, dass in 14 von 30 Fällen das rein zufällig zusammengestellte Portfolio besser war als die Profis. Oertmann (1996) schliesst daraus: „Im Mittel schlagen die Anlageprofis zwar Markt und Zufallsauswahl, doch lässt sich in Anbetracht des eher knappen Ausgangs nicht von einer systematischen Outperformance sprechen.“ (S. 36).

Eine weitere interessante Arbeit, die wir uns in der Folge kurz ansehen wollen, stammt von Bertoldi (1998). Er geht der Frage nach, was Anlageempfehlungen für den Investor wert sind, und konzentriert sich dabei auf die Überschussrenditen sowie die kumulierten Überschussrenditen von Portfolios, die aufgrund von Empfehlungen der wichtigsten Schweizer Banken und Research-Häuser sowie der Zeitschrift Finanz&Wirtschaft zusammengestellt wurden. Als Referenzindex diente jeweils der Swiss Performance Index (die Überschussrenditen sind also immer im Vergleich zur Rendite des SPI berechnet), der untersuchte Zeitraum umspannt die Periode von Anfang 1992 bis Ende 1995, und insgesamt liegen der Arbeit 916 Anlageempfehlungen zugrunde, wobei zwei Drittel (637 von 916) Kaufempfehlungen sind. Teile der Ergebnisse sind in der nachfolgenden Grafik zusammengefasst:

31 Eine systematische Zusammenstellung und Kommentierung bieten Metcalf/Malkiel (1994), zitiert bei Oertmann (1996).

Abbildung 5.1: Überschussrenditen von 637 Kaufempfehlungen

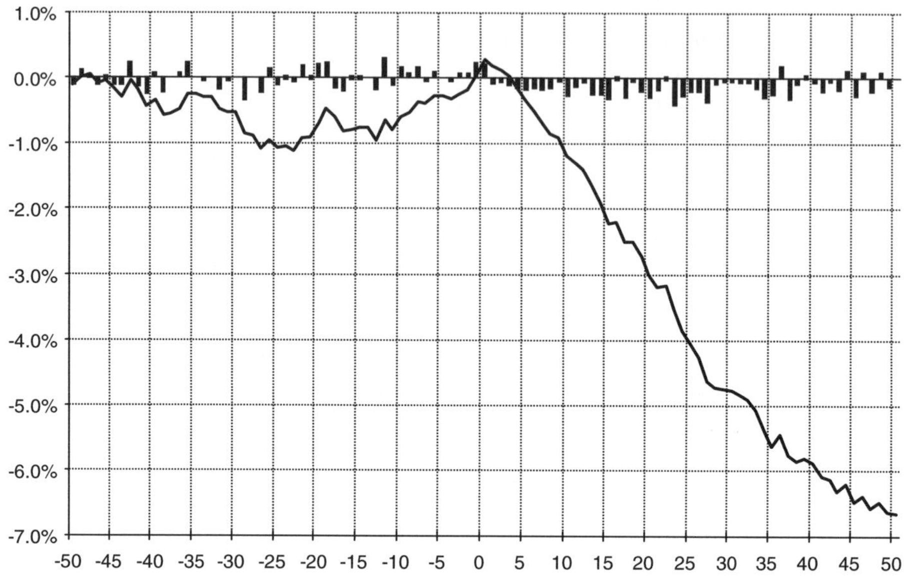

Die Abbildung enthält die Überschussrenditen (Säulen) und die kumulierten Überschussrenditen (Liniendiagramm) der 637 Kaufempfehlungen. Auf der horizontalen Achse sind die 50 Wochen vor und die 50 Wochen nach der Veröffentlichung der Empfehlungen eingetragen. Die Ergebnisse sind recht ernüchternd: In den Wochen *vor* der Publikation scheinen die Titel eine bessere Kursperformance aufzuweisen als der Aktienindex (SPI). Nach der Publikation ist es aber deutlich anders. Die kumulierte Überschussrendite sinkt kontinuierlich, und nach 50 Wochen weist das Portfolio der „heissen Tipps" gegenüber dem SPI eine Unterperformance von rund 6,5% auf. Die Tatsache, dass vor der Kaufempfehlung eine ziemlich systematische Überperformance festzustellen ist, scheint darauf hinzuweisen, dass die Empfehlungen praktisch nur eine Extrapolation der jüngeren Performancegeschichte darstellen und nicht eine fundamental gerechtfertigte Prognose.

Deshalb veranschlagt Bertoldi den Wert solcher Studien für den Anleger als relativ gering. Wohl etwas zynisch meint er: „... in Konsequenz... ist der Empfehlungszeitpunkt einer Aktie ein geeigneter Zeitpunkt, um diese zu verkaufen." (S. 29).

Das ist wahrscheinlich nicht ganz im Sinne der Erfinder, zeigt aber einmal mehr auf, dass in den Aktienkursen selbst vielleicht doch mehr Informationen stecken, als man üblicherweise annimmt, und dass man wohl gut beraten ist, wenn man – wie wir dies im 4. Kapitel empfehlen – möglichst verschiedene Aktien kauft oder eben in einen Fonds investiert. Es lohnt sich also eher, breit zu diversifizieren, als sich mit allzu grossen Positionen an irgendwelchen „heissen Geschichten“ zu beteiligen.[32]

Nun bewegen sich aber ja die Fonds, die wir in den letzten Kapiteln als Anlagevehikel so empfohlen haben, in demselben Umfeld effizienter Märkte. Und zudem können wir wohl annehmen, dass die Manager der Anlagefonds mit zu den kompetentesten Portfoliomanagern der Banken gehören, denn schliesslich stellen die Fonds die grössten Einzelportfolios der Banken überhaupt dar. Aus diesen Gründen scheint es interessant zu sein, auch die Performance der Anlagefonds im Lichte der Theorie effizienter Märkte zu betrachten, und zwar besonders dann, wenn eine aktive Anlagestrategie verfolgt wird und nun tatsächlich die Erkenntnisse des täglichen Analysierens, Auswertens und Handelns (was wir im letzten Kapital als „rund um die Uhr und rund um den Globus managen“ bezeichnet haben) darin einfliessen. Solche Strategien unterscheiden sich natürlich in eklatanter Art und Weise von den so genannten Indexstrategien (für Indexfonds), die mehr oder weniger passiv lediglich die Bewegungen des breiten Markts (oder eines Index) nachvollziehen und entsprechend „nur“ etwa dessen Performance anstreben.

Natürlich enthält die Literatur zur Theorie effizienter Märkte zahlreiche Vergleiche von passiv verwalteten Indexfonds und aktiven Fonds, wobei Erstere regelmässig recht gut abschneiden – was uns an sich nicht erstaunen sollte. In der Tat zeigt eine Langzeitstudie für die USA, dass mit zunehmender Dauer (und damit steigender Informationseffizienz des Aktienmarktes) die Anzahl der aktiven Fonds, die z.B. den S&P 500-Index schlagen, tendenziell zurückgeht. Die nachfolgende Abbildung zeigt dieses Phänomen deutlich:

---

32 Es sei aber auch hier noch einmal betont, dass sich die wissenschaftliche Forschung auf diesem Gebiet alles andere als einig ist. So kommt beispielsweise WOMAK (1996) in einer Arbeit über die Performance von Wall Street Research zu einem völlig anderen Ergebnis als BERTOLDI, auch wenn zuzugeben ist, dass WOMAK nicht wirklich von öffentlich verfügbaren Informationen im von uns definierten Sinne ausgeht.
Die wissenschaftliche Diskussion auf diesem Gebiet wird wohl nie zu einem Abschluss gelangen, weil ja auch das oben erwähnte Research-Gleichgewicht eine Art „Moving Target“ darstellt.

Abbildung 5.2: Indexieren versus aktives Management – Anzahl aktiver Fonds, die den S&P 500 übertreffen

Quelle: Vanguard Data

Während noch Mitte der 70er Jahre in den USA über 80% der aktiven Fonds den S&P 500 in der Performance übertreffen, fällt ihr Anteil schliesslich auf unter 20%. Dies bringt die gestiegene Informationseffizienz der US-Aktienmärkte klar zum Ausdruck.

In die gleiche Richtung weist auch eine Studie der Credit Suisse Asset Management aus dem Jahre 1998 (Hübscher 1998), die eine ähnliche Analyse wie oben enthält, nun aber für die USA, Japan, Europa und die Schweiz.[33] Abbildung 5.3 fasst die Ergebnisse zusammen:

33 So weit zurück wie in den USA können wir in Kontinentaleuropa nicht gehen, weil es hier noch nicht so lange wie in den USA Indexprodukte gibt. Der erste Indexfonds, der in der Schweiz zum Vertrieb zugelassen wurde, war der SBC100 des damaligen Schweizerischen Bankvereins, der im Jahre 1988 gegründet wurde.

Abbildung 5.3: Performance von aktiven Fonds – Anteil der Fonds, welche die Benchmark geschlagen haben

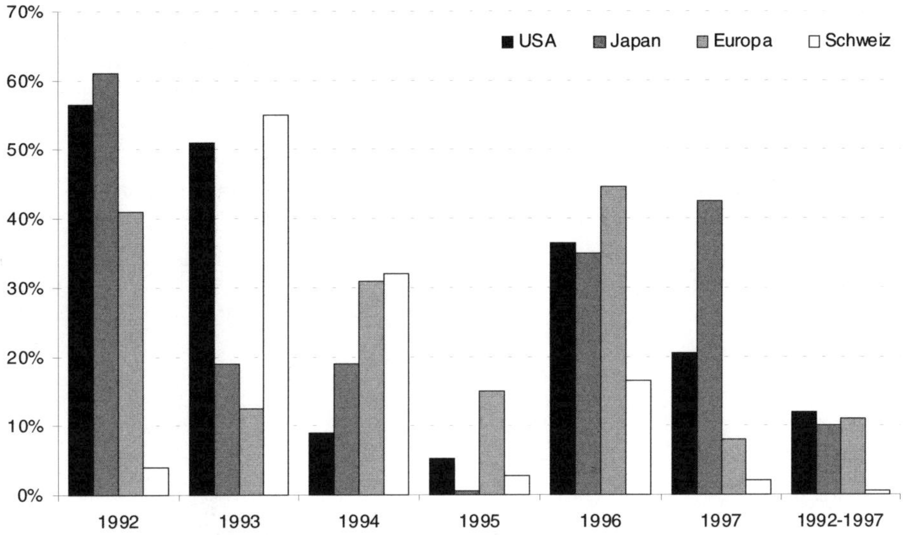

Quelle: Credit Suisse Asset Management

Die Ergebnisse gleichen der Langzeitstudie für die USA. Selten sind mehr als 50% der aktiv verwalteten Fonds besser als ihre Benchmark, d.h. besser als ein Index. Interessant ist zusätzlich, dass – wenn man die Periode von 1992 bis 1997 nicht einzeln pro Jahr betrachtet, sondern insgesamt – über die 6 Jahre gerade noch etwa 10% der Manager von aktiven Fonds die Indizes schlagen. Das bedeutet, dass Indexfonds gegenüber aktiven Fonds umso besser abschneiden, je länger die Anlageperiode dauert.

Diese Einsicht ist für uns natürlich besonders interessant, weil wir in dieser Abhandlung davon ausgegehen, dass wir Aktien bzw. Aktienfonds nur dann und deswegen halten, weil wir über einen langfristigen Anlagehorizont verfügen. Falls sich also die oben stehende Hypothese bestätigt (je länger die Beobachtungsperiode ist, desto besser fällt die Performance von Indexprodukten im Vergleich mit derjenigen von aktiven Produkten aus), können wir aufgrund der Theorie des effizienten Marktes sogar schlussfolgern, welche Produkte bzw. Fonds sich für unsere langfristige Anlagestrategie eignen.

Damit würde sich ein weiteres Informationsproblem lösen, das wir im letzten Kapital angesprochen haben, nämlich das Problem der Evaluation von Anlagefonds, gilt es doch inzwischen aus Hunderten von emittierten Fonds die richtige Auswahl zu treffen.

Um die relative Performance der aktiven Aktienfonds noch weiter zu diskutieren, folgt nun eine Tabelle, die den relativen Anteil aller Fonds auflistet, die ihre Benchmark (also den Index) über ein, drei und fünf Jahre zu schlagen vermögen. Die Daten stammen aus einer detaillierten Fondsbroschüre der Zeitschrift Finanz&Wirtschaft aus dem Jahr 1996, in der die relative Peformance aller in der Schweiz vertriebenen Fonds zu ihrer jeweiligen Benchmark angegeben sind.

Abbildung 5.4: Anteil aktiver Fonds, die den Index (Benchmark) schlagen (in %)

Fondskategorie			Anlageperiode
	1 Jahr	2 Jahre	5 Jahre
Aktien Welt	12	38	20
Aktien Schweiz	11	4	0
Aktien Deutschland	60	21	21
Aktien Frankreich	50	29	11
Aktien Spanien	0	0	0
Aktien Italien	64	10	63
Aktien Grossbritannien	85	33	20
Aktien Europa	63	27	14
Aktien Japan	35	7	15
Aktien USA	68	18	23
Durchschnitt	45	19	18

Quelle: Finanz & Wirtschaft, 30. Juni 1996; eigene Berechnungen

In der ersten Kolonne stehen die einzelnen Fondskategorien und in den weiteren Kolonnen jeweils die Prozentzahlen für die Fonds, die den Index in den entsprechenden Kategorien über ein, zwei und fünf Jahre übertreffen. Die letzte Zeile enthält den Durchschnitt für alle Fondskategorien.

Obwohl solche Untersuchungen voller methodischer Probleme sind, entstehen tendenziell immer wieder dieselben Ergebnisse. Zunächst fällt wiederum auf, dass für alle Perioden durchschnittlich weniger als die Hälfte der Fonds ihre Benchmark schlagen. Des Weiteren ist offensichtlich, dass die jeweilige Benchmark mit steigendem Anlagehorizont immer schwieriger zu überbieten ist. Dieses Ergebnis wäre sogar noch deutlicher, wenn wir die sich ziemlich atypisch verhaltenden Anlagefonds für italienische Aktien aus dem Sample herauslösen würden.

Noch etwas jüngere Daten liefert eine Sonderbeilage der Neuen Zürcher Zeitung zum Thema Anlagefonds. Die dort angegebene relative Performance der Fonds zu ihrer Benchmark stellen wir in einem Histogramm dar, zunächst für das Jahr 1998 (also für die Einjahresperiode):

Abbildung 5.5: Schweizer Anlagefonds: Renditen 1998 im Vergleich zur Benchmark

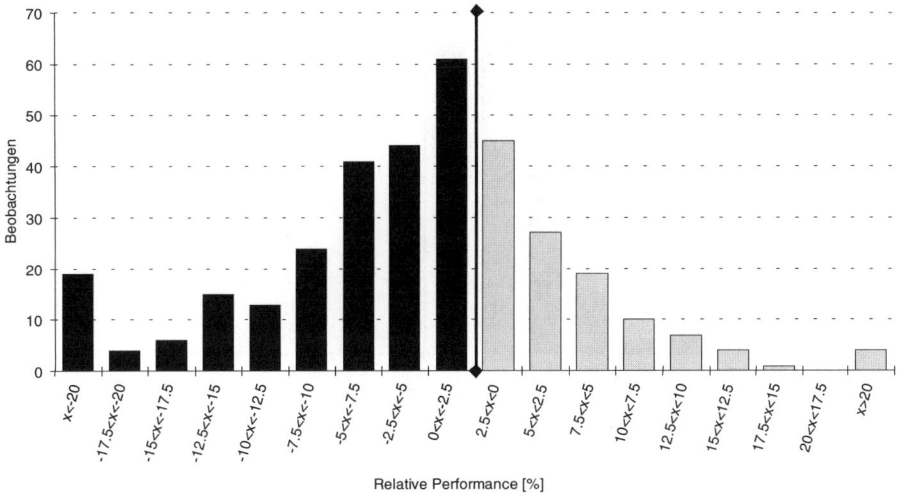

Quelle: Neue Zürcher Zeitung (NZZ); eigene Berechnungen

Auf der horizontalen Achse ist eingetragen, um wieviel die einzelnen Fonds von der Benchmark abweichen (von über -20% ganz links bis über +20% ganz rechts). Zwei Drittel der Fonds (277 von 344) weisen einen negativen Wert auf, was einer ungewöhnlich schiefen Verteilung entspricht, aber zugleich die bereits weiter oben erhaltenen Ergebnisse bestätigt.

Wenn man die Beobachtungsperiode auf 3 Jahre verlängert, sieht das Histogramm nicht wesentlich anders aus:

Abbildung 5.6: Schweizer Anlagefonds: Renditen 1996–1998 im Vergleich zur Benchmark

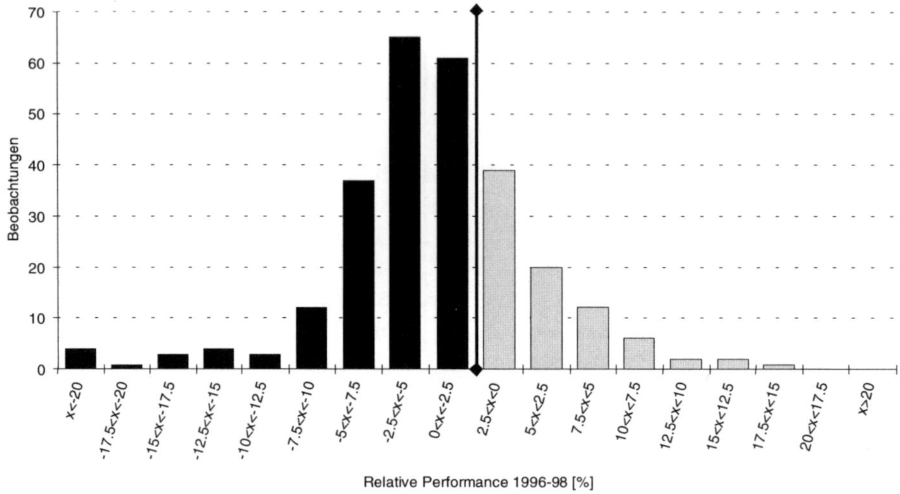

Quelle: Neue Zürcher Zeitung (NZZ); eigene Berechnungen

Nun liegen bereits 70% der Fonds unter dem Benchmark, und die Schlussfolgerungen sind wieder dieselben. Diese Ergebnisse reihen sich übrigens allesamt problemlos in diejenigen früherer Studien ein. Mit einer ähnlichen Analyse hat Rosskopf schon 1992 gezeigt, dass kein einziger Fonds über einen längeren Zeitraum als fünf Jahre eine positive Überschussrendite gegenüber seiner Benchmark erzielen konnte.

Offensichtlich ist es ausgesprochen schwierig, mit aktivem Management eine Anlage-Benchmark zu schlagen. Und je länger der Anlagehorizont ist, desto schwieriger scheint dieses Unterfangen zu werden.

Der Grund für dieses Phänomen ist klar, nämlich die Informationseffizienz der Märkte und damit die Tatsache, dass Kurse in jedem Moment die für die Preisbildung relevanten Informationen enthalten. Wichtig ist in diesem Zusammenhang auch die Bemerkung, dass das ungünstige Resultat für aktive Fonds sicher nicht die Unfähigkeit von Portfoliomanagern oder Research-Abteilungen beweist – ganz im Gegenteil, wie paradox dies auch klingen mag. Gerade die permanente Suche nach kursrelevanten Informationen und deren möglichst rasche und effiziente Verarbeitung führen ja dazu, dass alle Informationen stets in den Preisen enthalten sind. Was soll man sich dann noch wundern, wenn sich keine neuen Informationen mehr finden lassen, die (systematisch) zu einer besseren Performance als der des (so „vielwissenden“) Marktes führen würden. Oder um das Motto leicht zu variieren, das am Anfang des Kapitels steht: „An den Finanzmärkten macht die Summe der Versuche, das Unmögliche möglich zu machen, in der Tat das sonst vielleicht Mögliche unmöglich."

Dieser Sachverhalt wird vielerorts völlig verkannt. Allzu oft wird aus Unkenntnis der Art und Weise, wie Finanzmärkte funktionieren, behauptet, ein guter Portfoliomanager müsse mit seinen Investitionserträgen ganz einfach systematisch über einer Benchmark oder eben über dem Durchschnitt liegen. Ein deutliches Beispiel für dieses Unverständnis steht in einer Kolumne der ZEIT vom 29. April 1999. Dort wird ein ähnliches (Börsen-)Spiel wie der Wettbewerb aus dem Wall Street Journal, der zu Beginn des Kapitels vorgestellt wurde, beschrieben. Die Schlussfolgerungen des Kolumnisten disqualifizieren sich (oder ihn?) selbst: „... der Wert eines Aktiendepots entwickelt sich schliesslich immer umgekehrt proportional zum Intelligenzquotienten seines Besitzers. Das ist auch logisch: Je intelligenter ein Mensch ist, umso rationaler geht er vor. Aber Aktienkurse entwickeln sich völlig irrational. Und daher sind auch (beispielsweise) Affen besser dran. Wer denkt, hat einfach keine Chance. An der Börse jedenfalls."

Wie schwierig auch immer die oft nur durchschnittliche Performance aktiver Geldmanager zu begründen ist, für unseren langfristig orientierten Anleger sind jedenfalls die Konsequenzen klar. Die Investitionsinstrumente, die sich am besten für eine langfristige Strategie eignen, sind indexorientierte Anlagefonds – entweder Fonds, die einen weltweiten Aktienindex replizieren, oder dann eine eigene internationale Strategie mit einer Anzahl von Länder- oder Sektorenindexfonds. Auf diese Weise erreichen wir am ehesten die bereits im 2. Kapital dargestellten Shortfall-Wahrscheinlichkeiten, was es uns auch ermöglicht, eine wirklich langfristig ausgerichtete Buy-and-Hold-Strategie zu verfolgen.

Zusammenfassung

Im vorliegenden Kapitel ging es um die Frage, wie man die Aussage zu verstehen hat, dass die Preise an den Finanzmärkten so genannt „informationseffizient" seien. Dazu wurden die wesentlichen Grundlagen der Theorie effizienter Märkte dargelegt und sowohl theoretische als auch empirische Evidenz dafür präsentiert, dass sich ein Anleger an diesen Märkten durchaus vernünftig verhält, wenn er sich mit einem Durchschnittsertrag – was in der Regel der Indexperformance gleichzusetzen ist – zufrieden gibt. Ein systematisches Erzielen überdurchschnittlicher

Ergebnisse ist in diesem Bereich offensichtlich auch für Profis nicht leicht möglich. So schreibt z.B. SIEGEL (1998):

> „... there is a crucially important difference about playing the game of investing compared to any other activity. Most of us have no chance of being as good as the average in any pursuit where others practice and hone their skills for many, many hours. But we can be as good as the average investor in the stock market with no practice at all." (S. 272).

Diese Aussage und die darin enthaltenen Verhaltensmaximen klingen zwar einfach und einleuchtend, aber in den letzten Kapiteln wurde aufgezeigt, dass man sich, um ein gutes Ergebnis zu erzielen, doch an gewisse Regeln halten und strikte Disziplin üben muss. Zu gross sind die Versuchungen, irgendwelchen Trends zu folgen oder sich von irgendwelchen Emotionen leiten zu lassen. Zu sehr führen sich immer wieder einstellende Erfolge dazu, die realen Verhältnisse auf den Märkten sowie deren Effizienz aus den Augen zu verlieren. Das Problem liegt auch darin, dass ein einzelner Fehlentscheid viel schwerer wiegt als ein sich vielleicht einmal einstellender Glücksfall. Wenn nämlich einmal 50% mit irgendeiner falschen „Wette" verloren sind, dann benötigt man mit der nächsten bereits eine Outperformance von 100%, um wieder am Ausgangspunkt zu sein. Ersteres ist leicht möglich, Letzteres aber recht schwierig. Deswegen lauten die Schlussfolgerungen aus den letzten drei Kapiteln für den Anleger, der zunächst einmal an einer systematischen Anlagestrategie interessiert ist, folgendermassen:

- *Ein langer Anlagehorizont, um sich die kurzfristige Volatilität der Aktien leisten zu können;*
- *eine Buy-and-Hold-Strategie, weil das kurzfristige Timing oft eher schadet als nützt; sowie*
- *eine breite Diversifikation, am besten mit Indexprodukten bzw. Indexfonds, um unsystematische Risiken zu vermeiden, für die man im Normalfall nicht durch zusätzliche Erträge belohnt wird.*

Mit dieser Anlagedisziplin sollte es gelingen, ein strategisches Portfolio zusammenzustellen, das nach ein paar Jahren im Rahmen der sich mit steigendem Anlagehorizont vermindernden Verlustwahrscheinlichkeiten Renditen erbringt, die wohl in der Nähe der Profis liegen, d.h. Renditen in der Grössenordnung von 8% bis 12% p.a. (wie wir dies in den ersten Kapiteln besprochen haben). Übrigens wäre dies eine Strategie, um die man sich dann auch nicht täglich oder wöchentlich zu kümmern hätte. Einmal aufgebaute Positionen belässt man, wie sie sind, und Portfolioänderungen nimmt man erst wieder vor, wenn zusätzliche Gelder angelegt werden sollen.

So far, so good

Somit sind also die vermeintlich recht einfachen Schlussfolgerungen aus den Überlegungen und empirischen Tests der letzten Kapitel zusammengetragen.

Nun sind sich aber wahrscheinlich alle, die in den letzten Jahren an diesen Märkten gearbeitet haben, darüber einig, dass dies noch nicht das Ende vom Lied sein kann. Es gibt ja die Performance „rechts vom Durchschnitt". Fast 50% der aktiven Fonds-Manager übertreffen in einem einzelnen Jahr die Benchmark, und schliesslich gibt es ja auch noch Leute wie Peter Lynch oder Warren Buffet sowie viele andere, von denen man immer wieder in der Wirtschaftspresse liest.

Es kommt noch hinzu, dass wir uns – wie seriös und diszipliniert wir auch an die Finanzmärkte herantreten und wie sehr wir uns auch immer wieder sagen, dass die Märkte vor allem eine volkswirtschaftliche Funktion erfüllen und der Finanzierung des Wirtschaftswachstums dienen – einfach einem gewissen spielerischen Element und einem gewissen spekulativen Nervenkitzel bei der Kapitalanlage nicht entziehen können. All diese Aspekte sind bei den oben erwähnten rein rationalen und möglichst emotionslosen strategischen Anlageüberlegungen bewusst hintangestellt worden.

Natürlich macht es nicht besonders viel Spass, nur in Indexfonds investiert zu haben, wenn man liest, dass sich z.B. mit YAHOO oder AMAZON.com das Vermögen in 2 Jahren verzehnfacht hätte, oder wenn man wieder einmal auf einen „heissen Tipp" (wie sich im Nachhinein herausstellt!!) nicht gehört hat. Wir haben alle diese Elemente in den letzten Kapiteln implizit oder explizit diskutiert. Und diese Elemente gehören ohne Zweifel auch zu einer Auseinandersetzung mit den Finanzmärkten.

Das Spielerische und den Nervenkitzel haben wir bis jetzt bewusst aus unseren Überlegungen ausgeschlossen, weil wir zunächst einmal eine ganz klare Anlagedisziplin für den Aufbau strategischer Positionen empfehlen wollten. Eine *Anlagestrategie* wird nur dann erfolgreich sein, wenn sie sich an diese Grundprinzipien hält. Dass man daneben noch laufend versucht, die Performance mit emotionalen oder spekulativen Entscheidungen zu verbessern, ist legitim, solange man sich bewusst ist, dass dies im Normalfall ausser einem grösseren Risiko und mehr Spesen (und vielleicht etwas Spass) nichts bringt. Aber genau in diesem Bereich interessiert uns ja der Normalfall nicht.

Wichtig ist, dass man bei einem solchen Vorgehen nie den Unterschied zwischen Strategie und kurzfristigem Aktivismus vergisst und nicht plötzlich wegen einzelnen glücklichen Wetten alles aufs Spiel setzt. In diesem Fall können die Märkte tatsächlich zu einem Kasino werden, und dass diese Aussage nicht auf Phantasien beruht, schildern regelmässig einschlägige Zeitungs- und Zeitschriftenartikel.

Im nächsten Kapitel wollen wir dem eher spielerischen Element der Kapitalanlage doch noch Platz einräumen, auch wenn wir völlig davon überzeugt sind, dass nur Anlagestrategie und Anlagedisziplin in der oben formulierten Art und Weise die Grundlage einer erfolgreichen Vermögensanlage bilden können.

Auf der einen Seite macht die Beschäftigung mit den Finanzmärkten, wie gesagt, auch Spass, der bei rein passiven und *nur* disziplinierten Investitionen etwas verloren geht, auf der anderen Seite darf man auch nicht ganz ausser Acht lassen, dass man bei der Auseinandersetzung mit den Märkten, also z.B. bei der Beschäftigung mit Research Reports oder mit volkswirtschaftlichen Grundlagen, noch einiges hinzulernt, das weit darüber hinausgehen kann, was man direkt für eine Anlagestrategie verwenden kann.

Aus diesem Grund folgt nun Kapitel „Haben Sie Spass – die 70:30-Regel der Kapitalanlage“, in dem einige, insbesondere volkswirtschaftliche Aspekte der Finanzmärkte zur Sprache kommen werden. Vielleicht verhilft dieses Wissen dazu, mit der Performance gelegentlich tatsächlich etwas über dem Durchschnitt zu liegen.

Kapitel 6

Haben Sie Spass – die 70:30-Regel der Kapitalanlage

Nach der Lektüre der letzten fünf Kapitel des vorliegenden Buches dürfte es den meisten Leserinnnen und Lesern klar geworden sein, dass der Autor hier die Meinung vertritt, dass sich der grösste Teil der Anlagetätigkeit im strategischen Bereich abspielen sollte. Die 70:30-Regel, die wir im Titel erwähnen, bedeutet nun etwas ganz Simples, nämlich dass wir eine klare Trennung zwischen einem eher strategischen und einem eher operativen (andere würden sagen: spielerischen) Vorgehen bei der Vermögensanlage vornehmen. Dabei ist die Aufteilung 70:30 natürlich völlig arbiträr und von der Risikobereitschaft, der Interessenlage oder vielleicht auch vom Vertrauen des jeweiligen Investors in seine eigene Prognosefähigkeit abhängig.

Wir haben im 3. Kapitel schon kurz Elemente diskutiert, die möglicherweise zur Verbesserung der längerfristigen Vermögensperformance beitragen könnten. Es handelt sich dabei um langfristige Elemente, die mit einer Art gleichgewichtiger Entwicklung der Aktienbörsen zusammenhängen. Wir wollen in der Folge noch einige weitere Langzeitbeziehungen diskutieren, denn es wird hier die Meinung vertreten, dass im Bereich der Langzeitanalysen am ehesten Ineffizienzen anzutreffen sind. Es gibt für diese Ansicht zwei Gründe: Zum einen liegt es auf der Hand, dass sich die meisten Analysen (und Analysten) heutzutage insbesondere mit kurzfristigen Phänomenen beschäftigen müssen, weil sie es sich schlichtweg nicht leisten können, allzu lange auf einen Erfolg zu warten. Daraus folgt, dass langfristige Entwicklungen am ehesten under-researched sind. Wir haben aber bereits gesehen, dass der (kurzfristige) Zufallscharakter der Aktienkurse nicht zuletzt darauf zurückzuführen ist, dass eben sehr viel (kurzfristige) Analyse betrieben wird. Wenn für Langzeitanalysen an den heutigen Märkten (nota bene, auch auf Märkten für Analysten!) also zuwenig Zeit (oder Geduld) vorhanden ist, dann lassen sich vielleicht gerade dort Informationslücken finden, die wir als Langzeitinvestoren ausnützen können.

Im Übrigen sei bezüglich der langen Zeitdauer noch einmal auf das interessante Ergebnis verwiesen, das wir im 2. Kapital (Tabelle zu Abb. 2.10) schon kurz kommentiert haben. Es gibt offensichtlich eine gewisse Evidenz dafür, dass mit dem Random-Walk-Konzept längerfristig gewisse Probleme entstehen. Die Volatilität verhält sich bei zunehmender Haltedauer nämlich nicht entsprechend dem theoretischen (Random-Walk-) Modell, sondern geht zu stark zurück. Dieses Verhalten wird in der Literatur üblicherweise als Evidenz gegen das Random-Walk-Modell interpretiert sowie als Hinweis darauf, dass irgendwelche längerfristige Phänomene existieren, die die Aktienkurse in eine bestimmte Richtung treiben, und dass sich bei Abweichungen von diesem Trend immer wieder ein Gleichgewicht einstellt (so genannte Mean Reversion).[34]

Diese Argumente sind für uns Grund genug, einige fundamentalökonomische Überlegungen anzustellen, die uns vielleicht Einsichten in diese langfristigen Grundtendenzen liefern könnten. Dabei konzentrieren wir uns zunächst auf die Variablen, von denen wir glauben, dass sie längerfristig den grössten Einfluss auf die Aktienkurse ausüben, nämlich auf das Wirtschaftswachstum und die Zinsentwicklung. Dabei handelt es sich um diejenigen wirtschaftlichen Grössen, die bereits in unserem fundamentalen Aktienmodell im 3. Kapitel – dem Dividend-Discount-Modell – die wichtigste Rolle gespielt haben. Nach dem Makrobereich, also den volkswirtschaftlich-fundamentalen Elementen, setzen wir uns noch mit der Frage auseinander, ob es vielleicht im Mikrobereich, also im Bereich der Unternehmensanalyse, noch gewisse Hinweise auf Langzeitstrategien gibt, die vielleicht doch etwas Erfolg versprechender sind als die reinen Indexstrategien.

Mit den 30%, die wir nicht rein strategisch-passiv investieren wollen, könnten wir dann Anlagen tätigen, die den nachfolgenden Überlegungen folgen. Wenn die Ansätze richtig sind, werden wir – sehr einfach ausgedrückt – mit 70% eine Indexperformance erreichen und mit den übrigen 30% vielleicht noch etwas besser liegen. Somit befinden wir uns mit dem Gesamtportefeuille über der passiven Benchmark und übertreffen, wie wir wissen, mehr als 80% der professionellen Portfoliomanager. Auch wenn wir mit den 30% kein Glück haben, haben wir wenigstens nicht allzu viel Geld (oder Opportunitäten) verloren. So lautet eine, zugegebenermassen, etwas handgestrickte Begründung für unsere 70:30-Regel.

Zur Geschichte der Zinsentwicklung

Wir wollen unsere Langzeit- oder, besser gesagt, unsere Gleichgewichtsanalyse mit den Zinsen beginnen.

Im 3. Kapitel haben wir eine Grafik diskutiert (Abb. 3.2), die aufzeigt, dass die Zinsen seit den frühen 90er Jahren beinahe in allen westlichen Industrieländern sinken. Diese Zinsentwicklung haben wir als eine der

34 Für eine eingehende Darstellung und Kommentierung der wissenschaftlichen Literatur auf diesem Gebiet, vgl. ALBRECHT (1999).

Triebfedern des gewaltigen Booms an den weltweiten Aktienmärkten in der zweiten Hälfte der 90er Jahre bezeichnet, und zwar ohne auf die Frage einzugehen, wie man dieses sinkende Zinsniveau fundamentalökonomisch begründen könnte. Die Zinsentwicklung der letzten 10 Jahre ist jedoch nichts anderes als das Resultat einer systematischen Antiinflationspolitik, die von den meisten westlichen Zentralbanken seit den frühen 80er Jahren betrieben wird.

Demgegenüber erscheinen die 70er Jahre aufgrund zweier Erdölkrisen als Zeit einer gewaltigen Inflationsszunahme, die natürlich nur deswegen virulent werden konnte, weil eine ausgesprochen akkomodierende Geldpolitik deren Finanzierung ermöglichte. Da Zinsen in aller Regel der Inflation folgen, sind die 70er Jahre von weltweit steigenden und die 80er und 90er Jahre von weltweit fallenden Zinsen geprägt. Die nachfolgenden Abbildungen zeigen diese Tendenzen auf. Sie enthalten die Entwicklung der Inflationsraten, die langfristigen Zinsen für Staatsanleihen und schliesslich – jeweils im unteren Teil – die Entwicklung der Realzinsen. Diese stellen dar, was vom Zinsertrag einer Obligation nach Abzug der jeweiligen Inflationsraten real (d.h. in Gütereinheiten) noch übrig bleibt. Wir beginnen mit den USA:

Abbildung 6.1: Zins, Inflation und Realzins für die USA

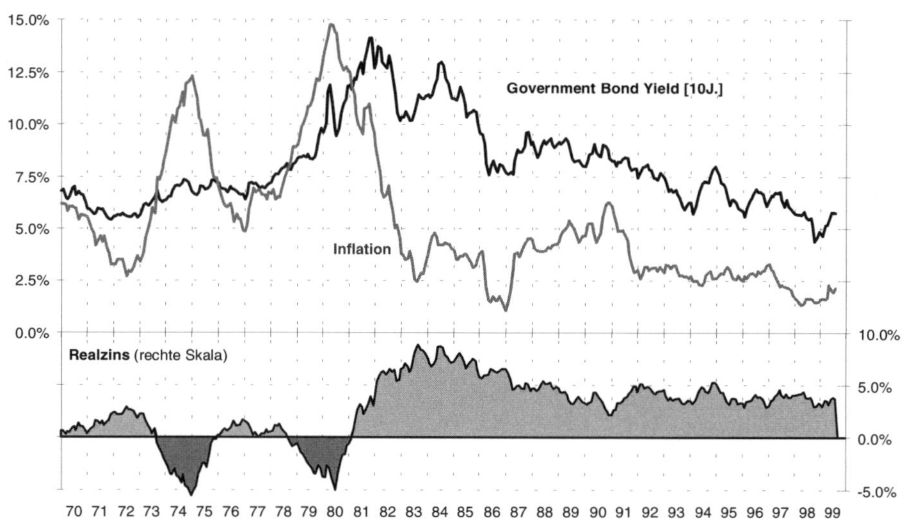

In der Grafik sind deutlich die beiden Inflationsspitzen Mitte der 70er und Anfang der 80er Jahre zu erkennen, die durch die beiden Erdölkrisen ausgelöst wurden. Als interessant erweist sich im Falle der USA, dass diese Inflationsspitzen zu gewaltigen Verlusten geführt haben, was die reale Verzinsung der US-Staatsanleihen betrifft. Die amerikanischen Anleihenbesitzer besassen so wenig Erfahrung mit steigenden Inflationsraten, dass deren Konsequenzen für die Zinsentwicklung überhaupt nicht beachtet wurden. So entstanden Mitte der 70er Jahre gewaltige (reale) Verluste im US-Zinsbereich. Entsprechend rasch und ausgeprägt erhöhte sich der Zins beim zweiten Erdölschock, der wiederum zu einer Inflationsspitze führte.

Die Verluste der 70er Jahre verunsicherten die US-Bondhändler offensichtlich so stark, dass auch nach der Umstellung der US-Notenbankpolitik unter Paul Volcker zu Beginn der 80er Jahre, die eine konsequente Antiinflationspolitik und einen drastischen Abbau der US-Inflationsrate verfolgte, die Nominalzinsen noch immer nicht auf das Niveau der Zeit vor der Erdölpreiserhöhung zurückgingen. In der Grafik ist dies daran ersichtlich, dass wir erst spät in den 90er Jahren erkennen können, dass sich die Realzinsen wieder einigermassen zurückgebildet haben. Aber auch heute sind die Realzinsniveaus noch weit von denen der 60er oder der frühen 70er Jahre entfernt.

Da sich in den letzten Jahren im Zusammenhang mit der Globalisierung der Finanzmärkte ein immer ausgeprägterer Gleichlauf der internationalen Zinsentwicklung ergeben hat, sieht das Bild für die Schweiz ähnlich aus wie für die USA:

Abbildung 6.2: Zins, Inflation und Realzins für die Schweiz

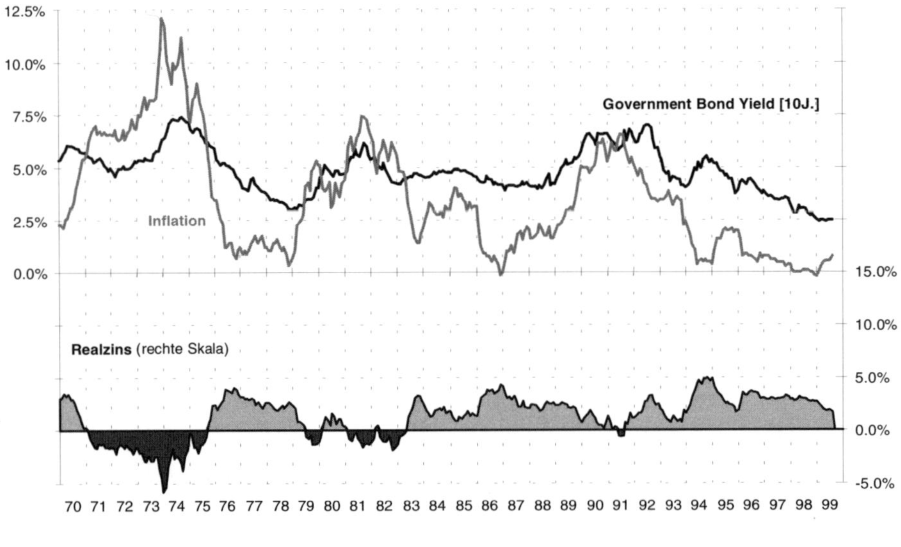

Die Verluste im Realzinsbereich sind hier allerdings in den 70er Jahren etwas geringer ausgefallen als in den USA, da europäische Anleger schon vor dieser Zeit grössere Erfahrungen mit Inflation gesammelt hatten. Dies wirkte sich auf das Verhalten der Bondinvestoren und entsprechend auf die Entwicklung der Bondrenditen aus.

Eklatant ist hingegen der Unterschied zu Deutschland, wo in den letzten 30 Jahren nie Verluste im Realzinsbereich entstanden sind:

Abbildung 6.3: Zins, Inflation und Realzins für Deutschland

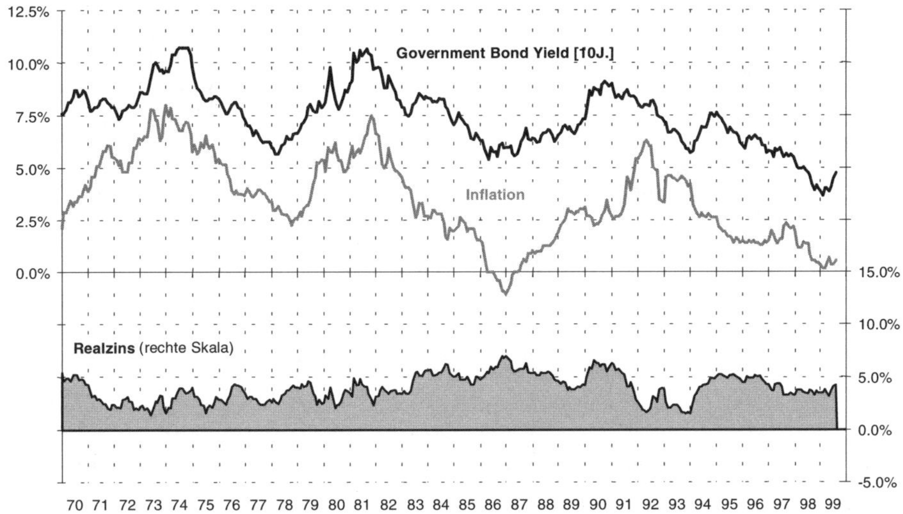

Die deutschen Anleger haben mit der Hyperinflation in den 20er Jahren und mit der Währungsreform nach dem Zweiten Weltkrieg gelernt, wie man mit Inflation umzugehen hat. Entsprechend haben die deutschen Zinsmärkte bei jedem Anzeichen einer ansteigenden Inflation sofort mit höheren Bondrenditen reagiert.

Immerhin ist das generelle Bild überall identisch: Nach dem Übergang der westlichen Welt zu flexiblen Wechselkursen und autonomer Geldpolitik zu Beginn der 70er Jahre und mit der ersten und zweiten Erdölkrise nimmt die Inflation zu. Eine Kursänderung um 180° in der Ausgestaltung der Geldpolitik erfolgt zu Beginn der 80er Jahre, und zwar hin zu einer konsequenten Stabilitätspolitik mit den entsprechenden Ergebnissen bei der Inflationsbekämpfung.

Inzwischen sind wir bei Zinsniveaus angelangt, die sich nach landläufiger Meinung nur noch nach oben entwickeln können, da wir bei historischen

Tiefstkursen angelangt seien. Wie die folgenden zwei Grafiken zeigen, ist diese Sichtweise überhaupt nicht zwingend. Denn die Entwicklungen der langfristigen Zinsen in den USA seit 1800 sowie in Grossbritannien seit 1700 sahen bereits bedeutend tiefere Niveaus:

Abbildung 6.4: Entwicklung der US-Zinsen seit 1800

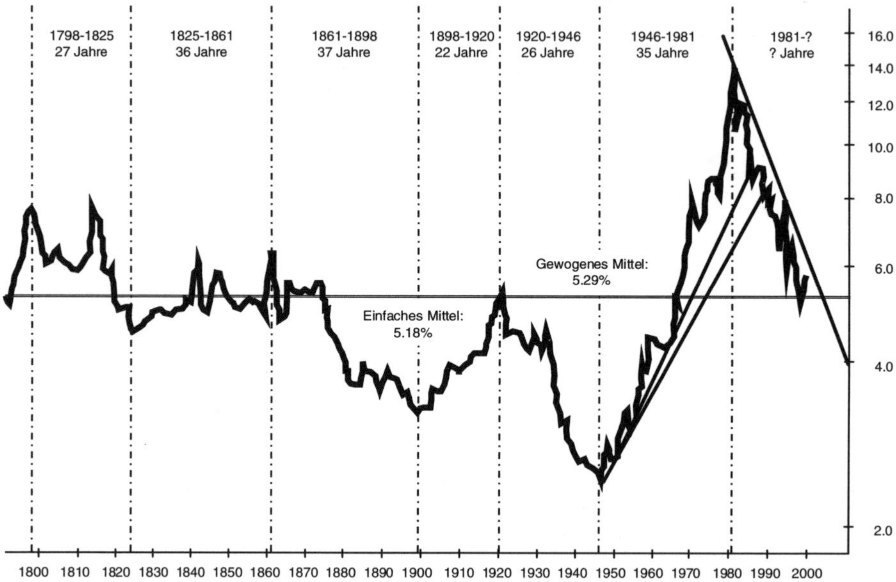

Quelle: Eigene Darstellung nach Salomon Smith Barney's Portfolio Strategist

Abbildung 6.5: Entwicklung der Zinsen in Grossbritannien seit 1700

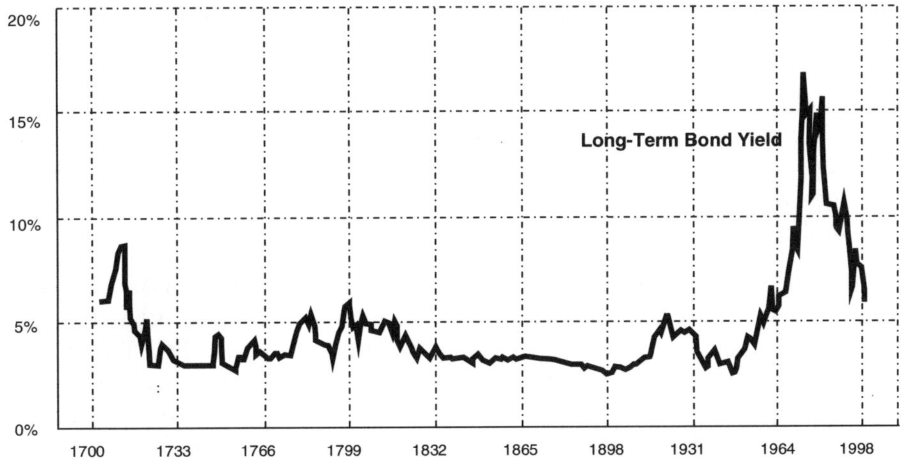

Quelle: Eigene Darstellung nach B.R. MITCHELL, Bank of England, Datastream in Merrill Lynch, Currency and Bond Market Trends

Die beiden Grafiken machen deutlich, dass der historische Tiefstzins immer davon abhängt, wie man *historisch* definiert. Wenn wir zwei oder drei Jahrhunderte überblicken, sind wir in diesen beiden Ländern gegenwärtig noch weit von historischen Tiefstzinsen entfernt. Und wenn wir in dieser Darstellung tatsächlich eine atypische Periode erkennen wollen, dann fällt unser Blick wohl am ehesten auf die letzten 30 Jahre. Die Zinssenkung der letzten 15 Jahre bedeutet in diesem Sinne nichts anderes als eine Rückkehr zur Normalität (wenn es die denn geben sollte).

Natürlich lässt sich zu Recht fragen, ob denn die letzten 200 oder gar 300 Jahre noch irgendetwas mit der Gegenwart zu tun haben und ob wir aus einer so langen Analyse überhaupt noch etwas lernen können. Immerhin ist es aber interessant festzustellen, dass die Phasen wirklich tiefer Inflationsraten und damit auch tiefer Zinsen immer Zeiten waren, in denen ein Goldstandard oder ein genereller Commodity Standard das jeweilige Geldsystem bestimmt hat. Ein solches System wird dadurch charakterisiert, dass neues Geld im Prinzip nur dann in Umlauf kommt, wenn z.B. Gold gefunden wird. Es ist dabei nicht möglich, Papiergeld ohne Golddeckung zu drucken. Somit kann die Geldproduktion auch nicht ausser Kontrolle geraten (oder, noch schlimmer, politisch kontrolliert werden).

Seitdem sich bei den westlichen Zentralbanken und bei den meisten westlichen politischen Verantwortungsträgern die Einsicht durchgesetzt hat, dass die Aufgabe der Zentralbanken tatsächlich darin besteht, keine Inflation entstehen zu lassen, zeigen die Geldsysteme wieder Züge, die eher an die Zeit vor den 60er Jahren als an die 70er Jahre erinnern.

Auch wenn wir in einigen Ländern, z.B. in der Schweiz, nun wirklich historisch tiefe Zinsen erreicht zu haben scheinen, werden wir uns einem weiteren Trend nach unten in den angelsächsischen Ländern kaum entziehen können, falls er wirklich anhällt. Dies gilt selbst für die Schweiz, obwohl dort das Zinssenkungspotential nachgewiesenermassen geringer ist als in den umliegenden Ländern.

Dafür, dass der Trend weiter sinkender Zinsen anhalten könnte (auch wenn wir im Jahre 1999 mit dieser Aussage ziemlich schief liegen), sprechen neben den oben stehenden noch andere Argumente. So ist die staatliche Verschuldungspolitik eine zweite wichtige Variable, die die Zinsentwicklung (und hier jetzt eher den Realzinsbereich) einer Volkswirtschaft beeinflusst. Auch hier stellen wir seit einigen Jahren fest, dass sich eine vermehrte Schuldendisziplin bemerkbar macht. Nicht wenige Länder haben unter dem Druck der Maastricht-Kriterien in den letzten Jahren ihre Schuldenquoten drastisch reduziert. Und einige Länder sind heute bereits daran, Schulden zurückzuzahlen. Das heisst, dass wir in den nächsten Jahren an den Finanzmärkten unter Umständen ein sinkendes Angebot an Staatstiteln sehen werden – und dies zu einer Zeit, in der die Nachfrage nach Staatstiteln gerade weiter zunehmen dürfte. Denn tendenziell werden mehr Gelder von institutionellen Anlegern gehalten und angelegt werden, die eine Vorliebe für die risikolosen Staatsanleihen besitzen. Dies könnte durchaus den Druck auf die Rendite der Staatsanleihen und damit auch auf die Zinsniveaus der westlichen Industrieländer erhöhen.

Über die weitere Zinsentwicklung bestimmen ohne Zweifel die Zentralbanken, wobei sich die Frage stellt, ob es ihnen in den nächsten Jahren gelingen wird, weiterhin eine konsequente Antiinflationspolitik zu betreiben. Es droht nämlich auch die Gefahr, dass die staatlichen Einflüsse und Gelüste, den Zentralbanken Aufgaben zuzuschieben, die nicht in ihren Bereich gehören (verstärkte Konjunktursteuerung, Bekämpfung der Arbeitslosigkeit und Ähnliches), so überhand nehmen, dass sich einzelne Zentralbanken fügen werden. Wenn dies einträte, würden die Märkte relativ rasch reagieren und die Zinsen wieder in die Höhe treiben – und dann wahrscheinlich eine Politik konterkarieren, die einzelne Kreise (links der Mitte) den Zentralbanken aufoktroyieren möchten.

Da die Ausgestaltung der Zentralbankpolitik in den nächsten Jahren nicht zuletzt auch für die mittelfristige Entwicklung der Finanzmärkte sehr bedeutungsvoll ist, wollen wir in der Folge anhand einiger stilisierter Fakten darüber diskutieren, wie eine solche Politik grundsätzlich zu interpretieren ist und wie deren Wirkung in den letzten Jahren ausgesehen hat.

Was machen die Notenbanken wirklich?

Wir wollen auf den nächsten Seiten ein vereinfachtes Modell zur Analyse der Geld- bzw. Zinspolitik und der Konjunktur präsentieren, das wir nicht als ausformuliertes volkswirtschaftliches Modell verstehen, sondern eher als eine Kommentierung stilisierter geldpolitischer Fakten.[35] Wir werden sehen, dass auch schon ein recht einfaches, auf Grafiken basierendes Vorgehen einige interessante Schlussfolgerungen zulässt. Unsere Überlegungen werden wir wiederum mit Hilfe von Daten für die USA, die Schweiz und für Deutschland dokumentieren.

Die Wirtschaftstheorie unterstellt sowohl der Konjunktur- als auch der Zinsentwicklung ein gewisses zyklisches Verhalten. Dazu liefert uns die Empirie gewisse stilisierte Fakten, die wir grafisch etwa folgendermassen zusammenfassen können:

Abbildung 6.6: Zinsentwicklung und Konjunkturverlauf

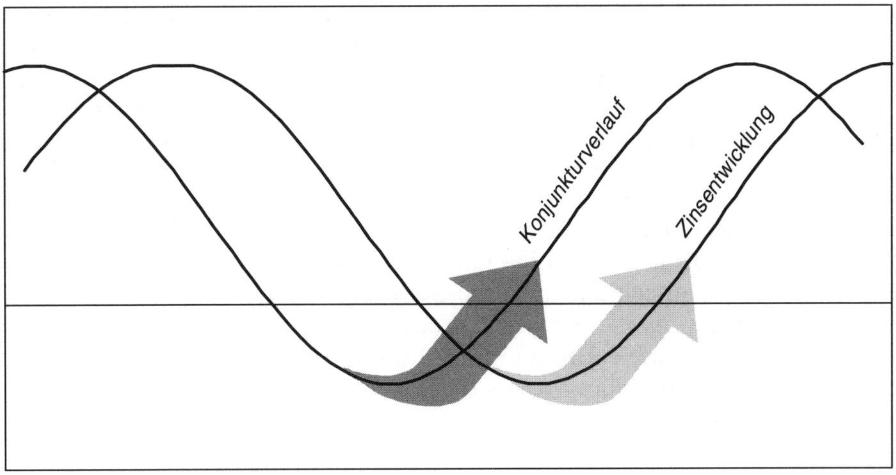

35 Eine wissenschaftliche Abhandlung, die analytisch nach einem ähnlichen Modell vorgeht und eine Übersicht über die entsprechende Literatur gibt, findet sich bei Dotsey (1998).

Ganz grob lassen sich etwa folgende Zusammenhänge erkennen:

- Der Höhepunkt der Zinsentwicklung wird üblicherweise dann erreicht, wenn die Konjunktur in eine Rezessionsphase eintaucht. Anschliessend sinken die Zinsen gewöhnlich.
- Der darauf folgende Zinsrückgang dauert im Normalfall länger als der konjunkturelle Abschwung. Die Trendwende in der Zinsentwicklung erfolgt somit mit deutlicher zeitlicher Verzögerung auf das Durchschreiten der wirtschaftlichen Talsohle.
- Der boomenden Wirtschaft stehen schliesslich wieder steigende Zinssätze gegenüber, aber meistens erst in der zweiten Hälfte des Konjunkturaufschwungs.

Natürlich lassen sich diese stilisierten Fakten nicht so deutlich aus den effektiven Zahlen herauslesen. Zu viele sonstige Einflüsse überlagern sowohl die Konjunktur- als auch die Zinsentwicklung (noise). Auch sind diese Zusammenhänge beispielsweise einer statistischen oder ökonometrischen Analyse kaum zugänglich (deswegen nennen wir sie auch „stilisierte“ Fakten), weil z.B. die zeitlichen Abläufe dieser Prozesse über die Zeit nicht stabil sind. Einmal erfolgen die Zinsreaktionen auf die Konjunktur schneller, ein anderes Mal langsamer.

Insbesondere laufen diese Wirkungsmechanismen in der heutigen Zeit wahrscheinlich wesentlich rascher ab als z.B. noch in den 70er Jahren. Dies ist nicht zuletzt auch deswegen der Fall, weil die Marktteilnehmer die hier diskutierten Zusammenhänge kennen und in ihre Überlegungen mit einbeziehen. Tendenziell laufen die Prozesse selbst schneller ab, worauf wir weiter unten noch einmal zu sprechen kommen werden.

Immerhin bestätigt eine grafische Analyse von Zins- und Konjunkturdaten die oben aufgelisteten Fakten. Nachfolgend finden sich die Beobachtungen für Deutschland und die Schweiz. Die oberen Kurven (linke Skala) zeigen jeweils die Konjunkturentwicklung (prozentuale Veränderung des Bruttosozialproduktes) und die unteren Kurven (rechte Skala) die Entwicklung der langfristigen Zinsen (Renditen der 10-jährigen Staatsanleihen).

Abbildung 6.7: Zins und Konjunktur für Deutschland

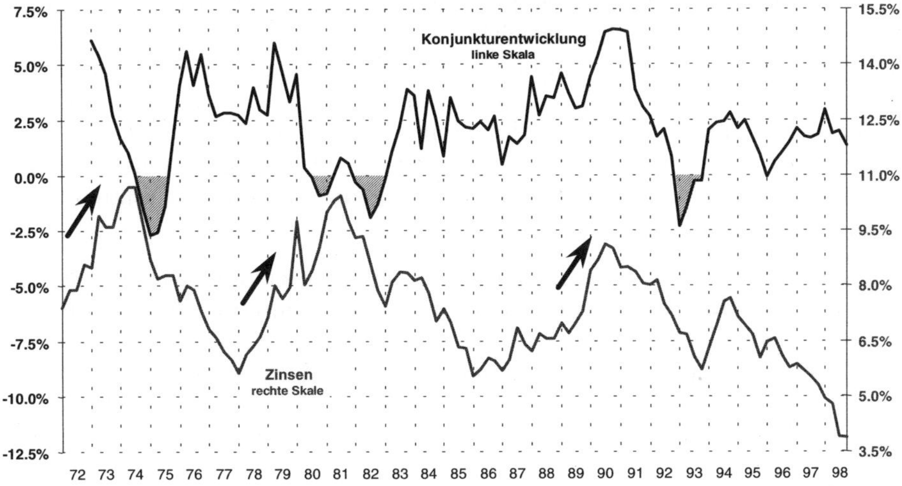

In der Darstellung der deutschen Zins- und Konjunkturentwicklung treten die Zusammenhänge recht deutlich an den Tag. Der Beginn einer Rezession (die schraffierte Fläche der oberen Kurve) geht regelmässig in etwa mit dem oberen Wendepunkt in der Zinsentwicklung einher, und erst wenn sich die Konjunktur bereits über eine gewisse Zeit im Aufschwung befindet, steigen die Zinsen auch wieder an. Natürlich gibt es dafür eine Reihe wirtschaftlich plausibler Erklärungen, auf die wir hier aber nicht eingehen können. Ein ähnliches Bild zeigen die Kurven auch für die Schweiz:

Abbildung 6.8: Zins und Konjunktur für die Schweiz

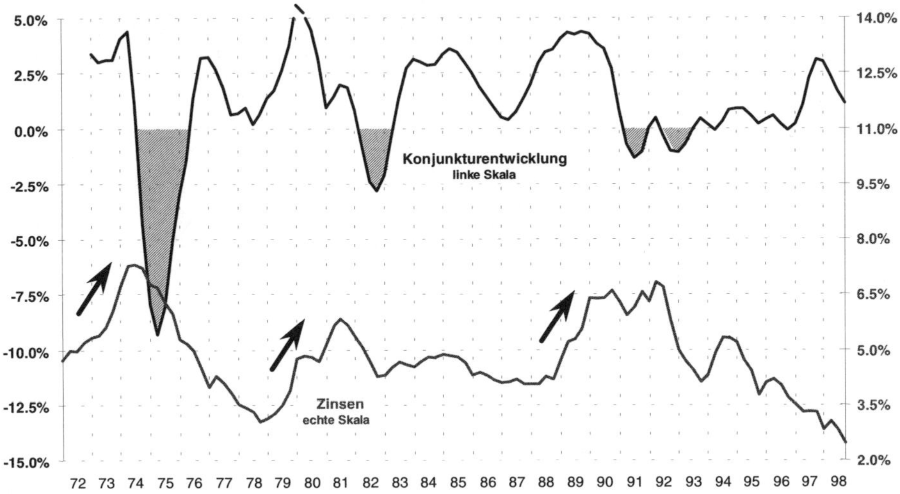

Die Abbildung macht auch einige spezifisch schweizerische Gegebenheiten deutlich. So durchläuft beispielsweise die Schweiz Mitte der 70er Jahre mit einem realen Wirtschaftswachstum von minus 10% die tiefste Rezession aller Industrieländer, und in den 90er Jahren stagniert das Schweizer Sozialprodukt am längsten, nämlich während rund 6 Jahren. Qualitativ werden aber die oben beschriebenen Zusammenhänge auch für die Schweiz bestätigt. Die Zinsen beginnen in aller Regel in etwa beim Abgleiten in eine Rezession zu fallen, und erst ein stabiler Wirtschaftsaufschwung führt zu einer Trendwende.

Wir haben in den Abbildungen 6.1 bis 6.3 bereits gesehen, dass sich Nominalzinsen und Inflation tendenziell ähnlich verhalten. Entsprechend verwundert es nicht, dass während eines Konjunkturaufschwungs eine Inflationstendenz entsteht, die im Normalfall erst mit dem Beginn einer Rezession wieder verschwindet. In der Rezessionszeit und darüber hinaus – bis sich das Wachstum konsolidiert hat – geht die Inflation zurück, um anschliessend wieder anzuziehen. Die nachfolgenden Grafiken für Deutschland, die Schweiz und die USA bestätigen qualitativ dieses Muster. Die oberen Kurven stellen jeweils das Wirtschaftswachstum (mit den schraffierten Konjunktureinbrüchen) und die unteren die Inflationsrate dar.

Abbildung 6.9: Inflation und Konjunktur

Deutschland

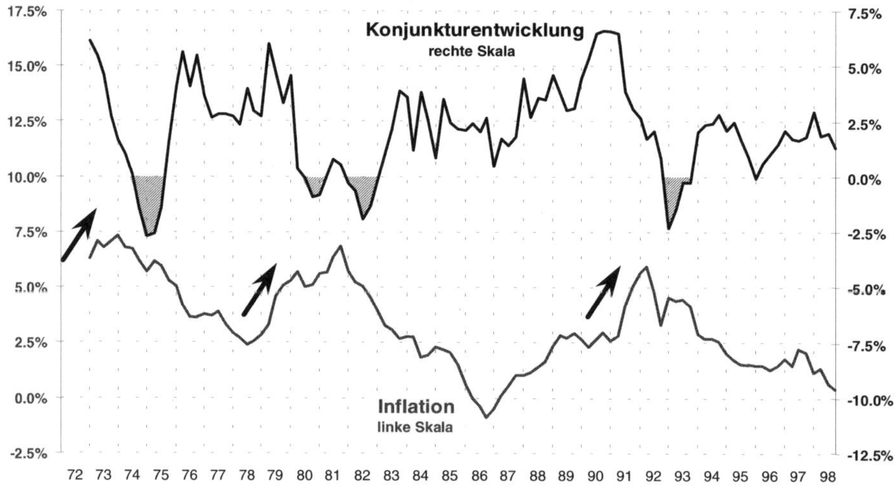

Schweiz

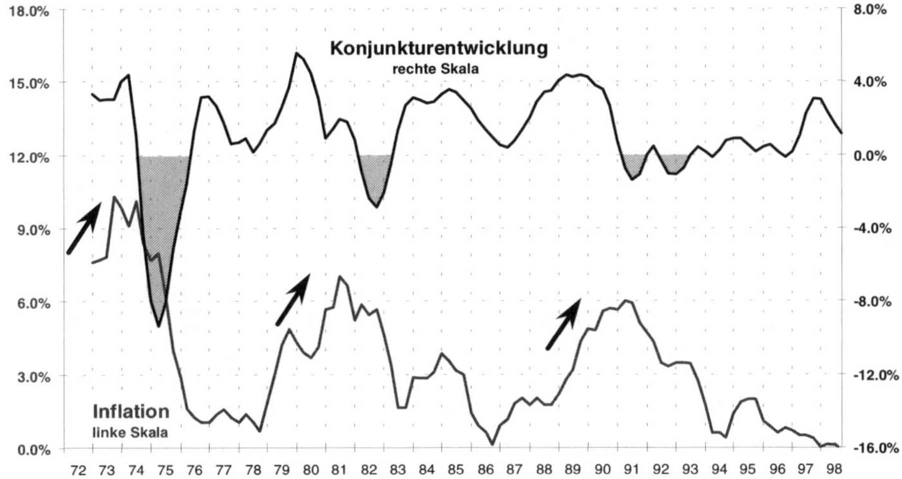

USA

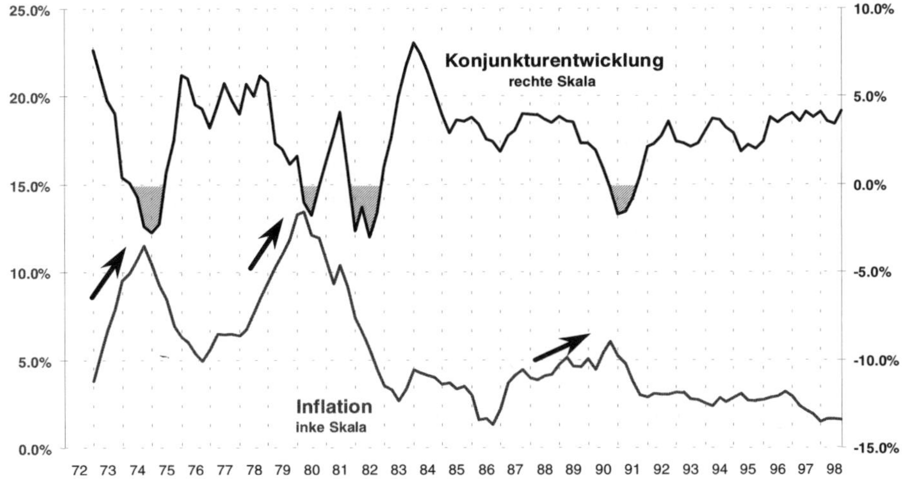

Interessant sind hier die letzten 5 Jahre, in denen z.B. die USA ein sehr robustes Wachstum zeigen, ohne dass die Inflationsraten anziehen. Dieses atypische Verhalten ist der Grund für die an den US-Finanzmärkten immer wieder aufkeimende Furcht vor einer möglichen Inflation und deren Auswirkungen auf die US-Zins- und damit die US-Börsenentwicklung. Wie schnell die Märkte heutzutage reagieren, sieht man daran, dass die langfristigen Zinsen bereits zu steigen beginnen, wenn eine anziehende Inflation *erwartet* wird, und nicht erst dann, wenn sie sich in irgendwelchen Statistiken manifestiert. Natürlich wird dies dazu führen, dass sich in Zukunft die Zusammenhänge zwischen Inflation, Zinsentwicklung und Konjunktur nicht mehr in gleicher Art und Weise in grafischen Darstellungen erkennen lassen werden.

Der Wiederanstieg der Inflationsraten in der zweiten Hälfte eines Konjunkturaufschwungs ruft nun die jeweiligen Zentralbanken auf den Plan, deren wesentlichste Aufgabe ja darin besteht, die Inflation zu bekämpfen.[36] Sie verwenden dazu im Normalfall eine restriktive Geldpolitik, die üblicherweise zu steigenden kurzfristigen Zinsen (Zinsen am Geldmarkt) führt. Ihre volle Wirkung entfaltet eine solche Restriktionspolitik aber erst dann, wenn die kurzfristigen über den langfristigen Zinsen zu liegen kommen, wenn also der Geldmarktzins die Rendite der Staatsanleihen übertrifft. Deswegen betrachten wir in der Folge nicht, wie es vielerorts noch immer offiziell geschieht, irgendein Geldaggregat (die Geldmengen M1, M2 oder welches M auch immer) als Indikator für den Restriktions- oder Expansionskurs einer Notenbank, sondern die Differenz zwischen lang- und kurzfristigen Zinsen. Dabei halten wir eine Geldpolitik immer dann für besonders restriktiv, wenn die kurzfristigen über den langfristigen Zinsen liegen (inverse Zinsstruktur). Der Wirtschaft wird in dieser Phase schlichtweg das Kapital für ein weiteres Wachstum vorenthalten.

Erreichen die Inflationsraten nun Werte, die aus der Sicht einer Zentralbank inakzeptabel erscheinen, wird eine wie oben definierte restriktive Geldpolitik angewandt, um damit die Teuerung – nota bene, mit einer gewissen Verzögerung – in den Griff zu bekommen. Wiederum bestätigen qualitativ die historischen Zusammenhänge diese Aussage.

Die folgenden Abbildungen (Abb. 6.10) enthalten jeweils unseren Indikator für die Geldpolitik (die Zinsdifferenz (rechte Skala)) sowie die Inflationsraten (linke Skala). Immer wenn die Werte für die Zinsdifferenz negativ sind (schraffierte Fläche), liegt eine inverse Zinsstruktur vor und wir sprechen von einer restriktiven Geldpolitik.

---

36 Auch hier können wir eine interessante Änderung der geldpolitischen Strategie in den USA feststellen. Natürlich sind dem FED diese Zusammenhänge sowie die Tatsache bewusst, dass diese Prozesse heute vor allem von Veränderungen in den Erwartungen ausgelöst werden. Dementsprechend versucht der Chairman der US-Zentralbank, Alan Greenspan, insbesondere die Erwartungen an den Finanzmärkten zu beeinflussen. Die kurzfristige Zentralbankpolitik ist, mit anderen Worten, mehr und mehr zu einer Politik der kurzfristigen Steuerung von Erwartungen im Rahmen einer längerfristigen Strategie der Inflationsvermeidung geworden.

Abbildung 6.10: Geldpolitik und Inflation

Deutschland

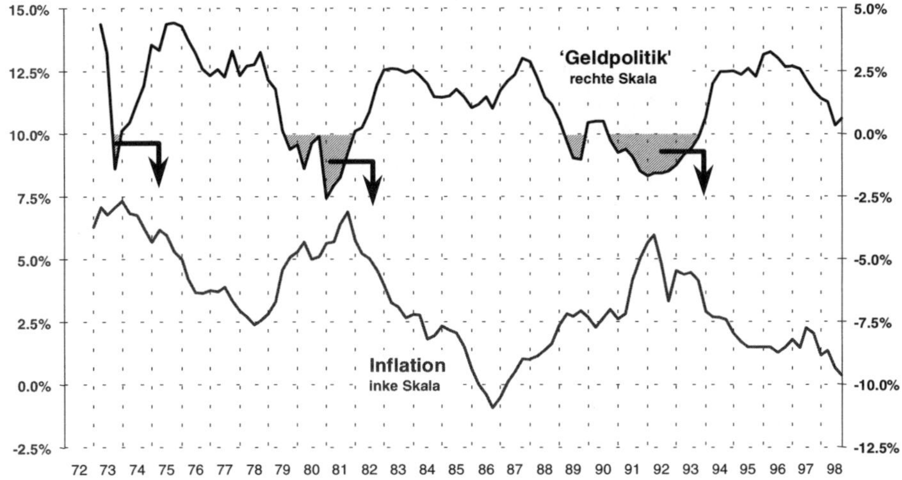

Schweiz

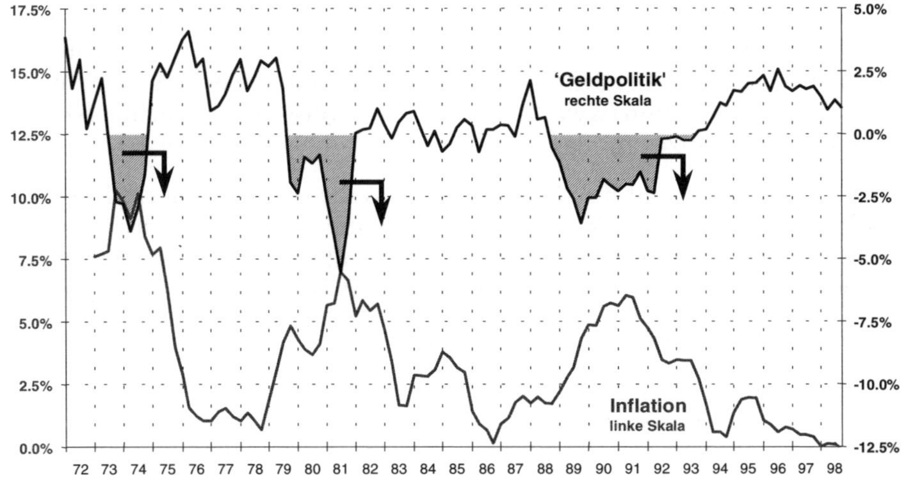

USA

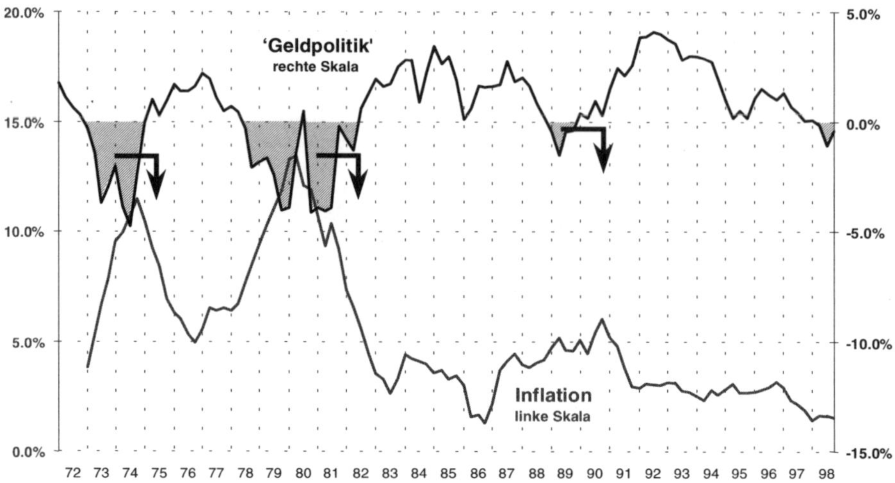

Die Grafiken bestätigen die obigen Hypothesen. Sobald die Inflation anzieht, erfolgt eine Inversion der Zinsstruktur, was etwas später (nota bene, im Normalfall ein bis drei Jahre später!) zu abnehmenden Inflationsraten führt. Interessant ist vielleicht auch die Beobachtung, dass die Zentralbanken in den 70er Jahren bei höheren Inflationsniveaus zu intervenieren scheinen als in den 90er Jahren. Und des Weiteren versuchen sie heutzutage eher die Inflationserwartungen zu beeinflussen und nicht erst auf steigende Preisindizes zu reagieren.

Aus den Grafiken geht deutlich hervor, dass die oben definierte Restriktionspolitik *über kurz oder lang immer* zu sinkenden Inflationsraten geführt hat. Die Zentralbanken waren somit mit ihrer Restriktionspolitik erfolgreich (und haben sich auch entsprechend loben lassen).

Aber stimmt das wirklich?

Eine nicht ganz zu vernachlässigende Nebenerscheinung dieser geldpolitischen Steuerung ist nämlich – wir haben bereits darauf aufmerksam gemacht –, dass die Wirtschaft bei inverser Zinsstruktur über zu wenig Liquidität und Kredit verfügt, um vernünftig weiter wachsen zu können. Als logische Konsequenz ergibt sich fast zwingend ein Zusammenbruch der wirtschaftlichen Aktivitäten, was wir auch empirisch feststellen. In den nachfolgenden Grafiken zeigen die oberen Kurven jeweils unseren Indikator für die Geldpolitik (schraffiert sind wiederum die Phasen mit inverser Zinsstruktur) und die unteren Kurven den Konjunkturzyklus (schraffiert sind hier die Rezessionen).

Abbildung 6.11: Geldpolitik und Konjunktur

Deutschland

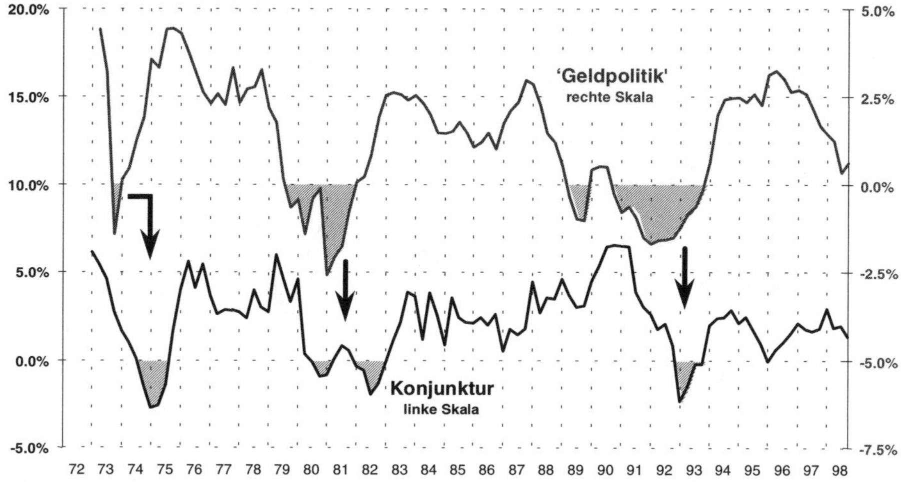

Schweiz

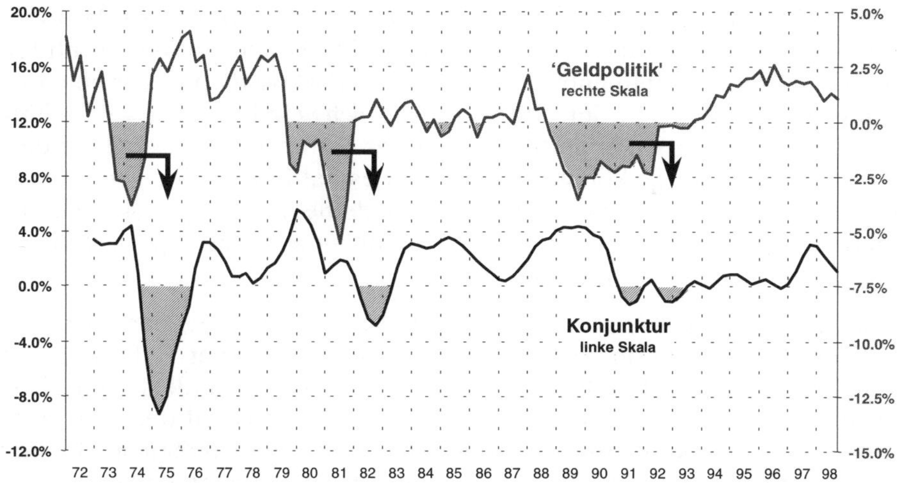

USA

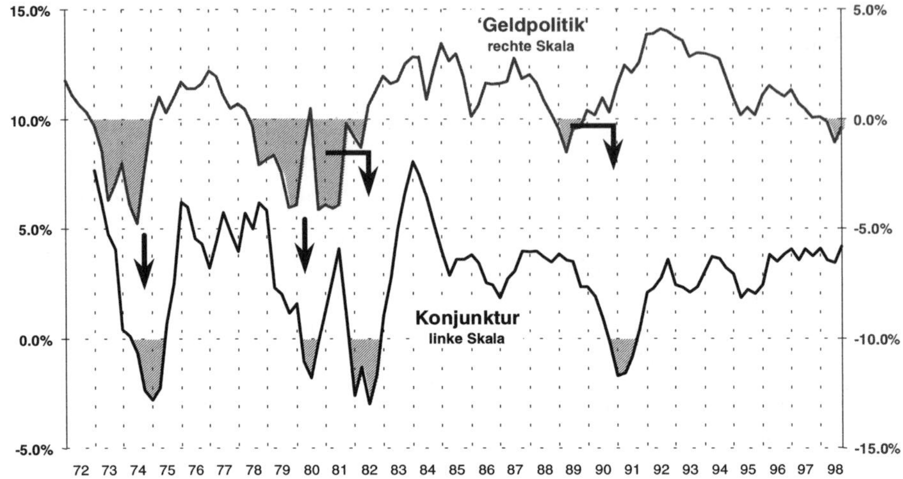

Die Bilder sprechen eine deutliche Sprache. Jeder Rezession in den letzten 30 Jahren sowohl in Deutschland als auch in der Schweiz und in den USA geht unmittelbar eine Inversion der Zinsstruktur – in unserer Definition also eine stark restriktive Geldpolitik – voraus. Dass die Inflationsraten anschliessend zurückgehen, sollte nicht erstaunen. Dies resultiert direkt aus dem Zusammenbruch der Wirtschaftsaktivität bzw. der entsprechenden Nachfrage. In der Grafik für die Schweiz lässt sich sehr schön erkennen, wie die 7-jährige Stagnation der Schweizer Wirtschaft in den 90er Jahren zustande kommt. Auch wenn es natürlich keine rein monokausalen Zusammenhänge in der Wirtschaftstheorie gibt, so ist doch bemerkenswert, dass diese 7-jährige Stagnation auf eine fast 7-jährige Phase mit inverser Zinsstruktur folgt.

Einschlägig interessierten Leserinnen und Lesern mag bei der oben stehenden Argumentation aufgefallen sein, dass wir mit der Betonung der Zinsstruktur die Geldpolitik und ihre Wirkungsweise anders beurteilen als die meisten Zentralbankanalysten sowie ein Grossteil der Standardliteratur.[37] Wir sind in den letzten Jahren davon abgekommen, geldpolitische Strategien nur an irgendwelchen monetären Aggregaten zu messen, und finden es dementsprechend müssig, sie im Rahmen monetaristischer versus nicht-monetaristischer Theorien zu diskutieren, die von den aktuellen Entwicklungen längst überholt worden sind. Die obigen Grafiken illu-

37 Ein ähnliches Modell findet sich im übrigen bei Dotsey (1998), der die Literatur etwas detaillierter aufarbeitet, als dies hier gemacht werden kann.

strieren eindrücklich, dass die Zentralbanken der westlichen Industrieländer nämlich schon lange davon abgekommen sind, irgendwelche strikten Geldmengenregeln unter der Annahme irgendwelcher stabiler Geldnachfragefunktionen zu verfolgen. Dass sie die Details ihrer Strategien in der Regel für sich behalten und auch versuchen, nicht zuviel Aufmerksamkeit zu erlangen, liegt ohne Zweifel daran, dass sie ihre Politik nicht durch die völlig von Erwartungen und „News“ bestimmten Finanzmärkte gefährden lassen wollen, bevor sie überhaupt zu wirken beginnt. Wir haben ja bereits oben darauf hingewiesen, dass sich Zentralbanken heute mehr mit Erwartungen als mit irgendetwas anderem auseinanderzusetzen haben. Wahrscheinlich ist die weiter zurückliegende Aussage von Professor NIEHANS (1978), dass *„... central banking is much more an art than a science“*, heute wahrer denn je.

Es ging bei der Diskussion einiger stilisierter Fakten zu Geldpolitik, Zins und Konjunktur nicht darum, geldpolitische Strategien zu qualifizieren. Da wir aber in früheren Kapiteln gesehen hatten, welche Bedeutung das geld- und konjunkturpolitische Umfeld für die Analyse der Finanzmärkte besitzt, wollten wir ein Instrumentarium zur einfachen Bewertung des jeweiligen wirtschaftlichen Umfeldes entwickeln. Wir haben im 3. Kapitel besprochen, dass sowohl die Zinsen als auch die Gewinne der Unternehmen ganz wesentliche Triebfedern der Aktienmarktentwicklung und somit auch unserer Anlagestrategie sind. Wenn wir uns in einem vernünftigen Umfeld befinden, spielen diese Überlegungen für unsere langfristig ausgelegte Anlagestrategie – für die oben genannten 70% unseres Vermögens – keine wesentliche Rolle. Unsere Aktienanlagen werden dann bei einem längerfristigen Wirtschaftswachstum von 2% bis 3% p.a., bei einer „normalen“ Inflationsrate von 2% bis 4% p.a. und einem Produktivitätsfortschritt von 3% bis 5% p.a. Ertragsraten von 8% bis 12% aufweisen, wie wir dies in der Vergangenheit auch schon gesehen haben.

Wenn uns aber die oben stehenden Überlegungen helfen, mit dem Teil unseres Vermögens, mit welchem wir etwas kurzfristiger disponieren möchten, vielleicht einen zusätzlichen Ertrag zu generieren, dann ist der Hauptzweck der Diskussion erfüllt.

Wir haben bereits einleitend darauf hingewiesen, dass wir auch für die 30% des aktiv verwalteten Vermögens nicht auf „heisse Tipps“ angewiesen sein wollen, sondern aufgrund längerfristiger Analysen entscheiden möchten, weil wir mit dieser Strategie noch am ehesten (Informations- und Research-)Ineffizienzen zu entdecken hoffen. Die obige Analyse sollte dafür ein Beispiel sein, aber ebenfalls deutlich gemacht haben, dass sich im Rahmen des Modells kürzerfristige Gesichtspunkte behandeln lassen. Ohne Zweifel kann man gerade die gegenwärtige US-Geldpolitik, wie sie von Alan Greenspan verstanden wird, auf interessante Art und Weise in diesem Rahmen interpretieren.

Nach der volkswirtschaftlich-fundamentalen Analyse wollen wir nun noch eine Mikroanalyse präsentieren, d.h. ein Modell auf Unternehmensebene, das helfen könnte, unser Portfolio längerfristig ein wenig aus der Indexperformance herauszuheben. Wir wollen dies im abschliessenden Abschnitt „Shareholder Value“ tun.

An dieser Stelle soll noch einmal betont werden, dass wir nicht der Meinung sind, dass solche Ansätze in den nächsten Jahren risikolos zu mehr Ertrag führen als Indexstrategien. Dazu glauben wir grundsätzlich zu stark an die Effizienz der Märkte. Wenn man aber die Entwicklungen in den letzten 10 Jahren in den USA zum Massstab nimmt, könnte ein Shareholder-Value-Effekt in den nächsten Jahren durchaus auch bei uns zu einer Outperformance gegenüber den Indizes führen. Deswegen kann es sinnvoll sein, längerfristig einen Teil der Gelder aufgrund solcher Strategien zu investieren. Mindestens sollte man sich darüber ein paar Gedanken machen.

Shareholder Value

Das Thema Shareholder Value[38] (oft auch Value Based Management genannt) ist in der Schweiz und generell in Kontinentaleuropa erst etwa vor fünf Jahren aufgekommen und hat relativ rasch zu ausgesprochen heftigen Debatten geführt. Dabei ist das Konzept vielerorts nachgewiesenermassen völlig falsch verstanden und auch interpretiert worden, so dass während längerer Zeit zahlreiche Missverständnisse bestanden, die inzwischen jedoch teilweise geklärt sind.[39]

In den USA ist die Ansicht völlig üblich geworden, dass der Manager sich als Angestellter der Aktionäre versteht und dafür sorgt, dass die Erträge der in die Firma investierten Gelder höher sind als die Kosten dieser Gelder. Die Leistungen jeder Unternehmensleitung werden heute daran gemessen.

Interessant ist in unserem Kontext, dass in den USA eine Reihe von Unternehmen, die im Zusammenhang mit dem Shareholder-Value-Ansatz

38 Wir wollen hier das Konzept des Shareholder Value nicht im Detail darstellen. Interessierte Leser seien auf die in den Fussnoten bezeichneten Quellen verwiesen.

39 Die Neue Zürcher Zeitung hat im Jahre 1996 einen Reader zur Thematik des Sharehoder Value publiziert, der einiges zur Klärung des Begriffs beigetragen hat.

eine Vorreiterrolle einnehmen, in den letzten 10 Jahren ausgesprochen gute Aktienperformances erreichten und dass berühmte Anleger wie z.B. Warren Buffet mit der expliziten Konzentration auf solche Unternehmen für ihre Kunden sehr viel Geld verdienten.

Die nachfolgende Abbildung zeigt die Performance einer Reihe von Unternehmen, die schon früh explizit nach Shareholder-Value-Prinzipien geführt wurden.

Abbildung 6.12: US-Shareholder-Value-Unternehmen versus S&P 500

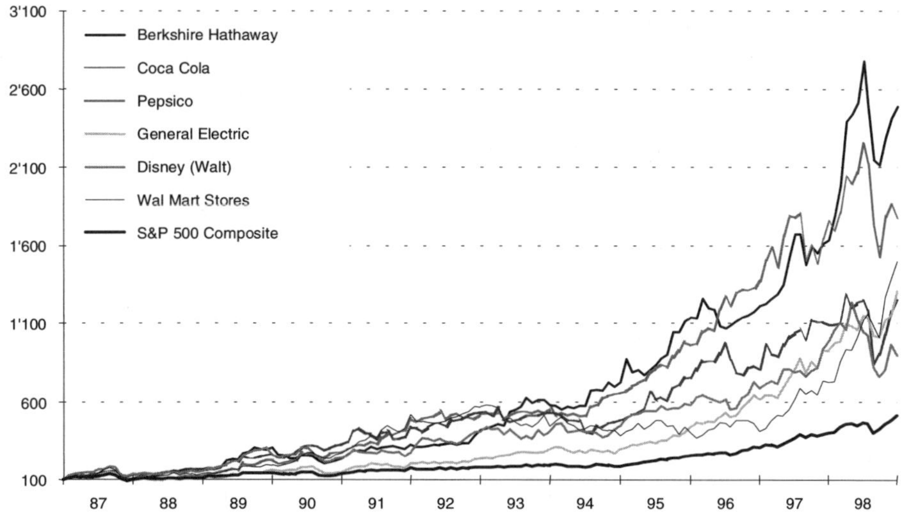

Die unterste Kurve stellt die Entwicklung des amerikanischen Aktienindexes (S&P 500) dar, der in den letzten 10 Jahren recht gut verlief. Die anderen Kurven zeigen dann aber die Performance der angegebenen Firmen über die gleiche Zeitperiode, u.a. auch diejenige von Berkshire Hathaway, der Beteiligungsgesellschaft von Warren Buffet (an sich eine Rückversicherungsgesellschaft). Die Überperformance dieser Unternehmen am US-Aktienmarkt ist eklatant. Heute muss man davon ausgehen, dass diese Unternehmenspolitik als Allgemeingut gilt und inzwischen in den Aktienkursen enthalten ist. Dementsprechend werden diese Titel in nächster Zukunft nicht mehr eine solche enorme Überperformance aufweisen. Im Übrigen kann es sich heutzutage eine Unternehmung, zumindest in den USA, kaum mehr leisten, nicht das Shareholder-Value-Konzept zu verfolgen. Entsprechend dürfte das Risiko gross sein, dass sich mit einer Konzentration auf Shareholder-Value-Unternehmen in den USA wohl in den nächsten Jahren keine grossen Gewinne mehr einfahren lassen.

Immerhin kann man aber vermuten, dass diesbezüglich in Kontinentaleuropa noch Möglichkeiten bestehen. Zwar reklamieren inzwischen auch hier viele Unternehmen für sich, auf den Aktionär zu schauen und die Kapitalkosten zu berücksichtigen, aber in vielen Fällen fehlt bis zu einer echten Shareholder-Value-Haltung noch vieles. Deswegen könnte es lohnenswert sein, sich in den nächsten Jahren auf europäische Unternehmen zu konzentrieren, die sich in diesem Bereich speziell auszeichnen. In der Tat gibt es inzwischen öffentlich vertriebene Anlagefonds, die sich auf Shareholder-Value-Unternehmen konzentrieren.[40]

Auswahlkriterien für solche Unternehmen sind nicht ganz trivial. Viele Unternehmen behaupten heutzutage, nach Value-Based-Management-Prinzipien zu arbeiten und den Shareholder Value zu maximieren. So ist es nicht einfach, die tatsächlichen von den nur vermeintlichen VBM-Unternehmen zu unterscheiden. Eine erste Hilfe kann vielleicht die nachfolgende Aufzählung leisten, die versucht, einige Prinzipien aufzustellen, die eine VBM-Unternehmung in jedem Fall erfüllen sollte. Die Liste stammt aus einem Research-Papier, das anlässlich der Lancierung eines VBM-Anlagefonds publiziert und als Anleitung zur Auswahl entsprechender Unternehmen mit verwendet wurde[41]. Sie erhebt keinen Anspruch auf Vollständigkeit und ist in diesem Sinne auch eher als mögliches Arbeitsinstrument gedacht.

Folgende Kriterien charakterisieren Unternehmen, die nach Value-Based-Management- oder eben nach Shareholder-Value-Gesichtspunkten geführt werden:

- Verwaltungs- bzw. Aufsichtsrat, dessen Mitglieder ihr Amt aufgrund von Fähigkeiten und nicht von Beziehungen ausüben;
- Konzentration der Unternehmenstätigkeit auf klar spezifizierte Kernkompetenzen („we do what we know best");
- transparente Buchführung nach international anerkannten Buchführungsprinzipien (IAS, US-GAAP etc.);
- transparentes Management-Accounting für die definierten Unternehmensteile;
- interne Controlling-Mechanismen, die EVA (Economic Value Added) oder ähnliche Wertbeurteilungskonzepte verwenden;

40 Einzelne Beispiele hierfür sind der EUROPAVISION- sowie der WELTVISION-Fonds der Commerzbank in Deutschland für private Anleger oder die Value-Based-Management-Anlagestiftung der WINTERTHUR für Schweizer Pensionskassen.

41 Vgl. Heri (1998).

- klare Zielvorgaben für EVA, RoE (Return on Equity) und operative Renditezahlen (EBIT, EBITDA, NOPAT oder Ähnliches) auch für die einzelnen Unternehmensteile;
- finanzielle Beteiligung der Unternehmensleitung und des Verwaltungsrates an der Unternehmung;
- Remunerationskonzept für die Unternehmungsleitung und den Verwaltungsrat, das vom Unternehmenserfolg abhängt und teilweise auf (gesperrten) Aktien und Optionen basiert (Incentive Programme);
- Aktienbeteiligungsprogramme, die Angestellte aller Stufen des Unternehmens am Erfolg partizipieren lassen und in diesem Sinne eine Ownership-Mentalität entstehen lassen;
- Unternehmensstatuten, die möglichst wenig Ausschlussrestriktionen für Beteiligungen aufweisen und Übernahmen nicht grundsätzlich ausschliessen;
- klares Commitment zu Shareholder-Value- bzw. VBM-Prinzipien sowie zu einen sparsamen Umgang mit der Ressource Kapital;
- klare und unmissverständliche Kommunikation mit Analysten und Aktionären.

Wichtig scheint uns bei diesen Kriterien, dass sie nicht einfach eine arbiträr entstandene Liste irgendwelcher moderner „Management-Gadgets" darstellen, sondern sich als Konsequenz eines systematischen Ansatzes moderner finanzieller Unternehmensführung ergeben, bei dem die Erkenntnisse der neueren Finanztheorie Anwendung finden. Dabei muss aber betont werden, dass einer der wichtigsten Aspekte des Shareholder-Value-Konzepts die Geisteshaltung ist. Manager und Mitarbeiter müssen sich bewusst sein, dass die oberste Zielsetzung der Unternehmung darin besteht, langfristig finanziellen Mehrwert zu schaffen. Nur das eröffnet die Möglichkeit, weitere wichtige Ziele wie Arbeitsplatzqualität und -sicherheit, Umwelt oder volkswirtschaftliche Verantwortung in den Katalog der Unternehmensziele aufzunehmen. Des Weiteren sollte die Unternehmensleitung ein solides analytisches Verständnis dafür entwickeln, welche Grössen in ihrem Einflussbereich den Unternehmenswert in welcher Art und Weise beeinflussen.

Lassen wir es bei diesen Gedanken zu einem unternehmensspezifischen Analyseansatz bewenden, der uns vielleicht in den nächsten Jahren helfen kann, bei der Verwaltung unseres Aktienportfolios etwas über der Benchmark zu liegen. Ob es mit dieser Aufzählung gelingt, die richtigen Unternehmen in Kontinentaleuropa aufzuspüren und ob die Shareholder-Value-Konzepte hier in den nächsten Jahren ähnlich erfolgreich sein werden wie in den letzten Jahren in den USA, können wir erst in der Zukunft beurteilen. Konzeptionell passen natürlich Unternehmen, die sich um die Aktionäre kümmern und moderne Ansätze der finanziellen Führung anwenden, durchaus in unser langfristiges Aktienportfolio. Vielleicht sind aber bereits alle relevanten Informationen in den jeweiligen Preisen eskomptiert. Dies ist letztlich eine empirische Frage, die uns erst die nächsten Jahre beantworten werden. Immerhin haben wir das Gefühl, dass in diesem Bereich noch einiges an Ineffizienz und nicht vollständig verarbeiteten Informationen vorhanden ist, so dass es sich lohnen könnte, einen Teil „unserer 30%“ auf die „Shareholder-Value-Wette“ zu setzen.

Kapitel 7

Die acht Gebote der Geldanlage

Wir haben in der Einleitung des vorliegenden Buches behauptet, es sei an und für sich keine Zauberei, bei der Geldanlage eine vernünftige Rendite zu erzielen. Im Wesentlichen müsse man dabei aber eine Reihe von Fehlern vermeiden, die wir dann anschliessend besprochen haben. Aus den Analysen, Hypothesen und Überlegungen der letzten sechs Kapitel und aus den zahlreichen empirischen Untersuchungen, die wir zu diesen Hypothesen zitiert oder selber angestellt haben, wollen wir zusammenfassend eine Liste von „Geboten" erstellen, die es uns ermöglichen sollten, die wichtigsten Fehler bei der Geldanlage zu identifizieren und zu vermeiden.

Erstes Gebot: Investieren Sie

Die meisten Leute sparen in irgendeiner Art und Weise, die einen bewusst, die anderen unbewusst. Falls Sie Geld auf die Seite legen, sollten Sie dies bewusst tun. Mit der Zeit entwickelt sich dabei aus einem Sparplan ein Investitionsplan. Denn: Über längere Zeit brachliegendes Geld bedeutet verpasste Opportunitäten.

Zweites Gebot: Trachten Sie nicht nach kurzfristigem Gewinn

Gier ist der schlechteste Ratgeber an den Finanzmärkten. Die Geldanlage sollte strategisch betrieben werden, und nur eine lange Zeitdauer sorgt dafür, dass z.B. Aktien mit ihren grossen Kursausschlägen nicht nur riskant sind, sondern vor allem auch rentieren. Wer Geld nicht längerfristig anlegt, kann es sich nicht leisten, in Anlagen mit grossen Kursausschlägen zu investieren. Hingegen spielen für den, der langfristig anlegt, die kurzfristigen Ausschläge eine untergeordnete Rolle.

Drittes Gebot: Versuchen Sie nicht, den „richtigen Moment“ zu erwischen – es gibt ihn nicht

Aktienpreisentwicklungen sind etwas Ähnliches wie nicht-prognostizierbare Zufallsprozesse. Das Ziel, Aktien immer gerade am Tiefstpunkt zu kaufen, um sie dann zum Höchstpreis wieder zu verkaufen, ist ehrenvoll, produziert aber im Normalfall nur hohe Kommissionen und Frustrationen. Im Übrigen lässt sich zeigen, dass der Einstiegszeitpunkt für ein Aktienengagement bei einem langem Anlagehorizont praktisch ohne Bedeutung ist. Für diejenigen, die nicht über einen langen Anlagehorizont verfügen, gilt das zweite Gebot.

Viertes Gebot: Versuchen Sie nicht, den „richtigen Titel“ zu finden – es gibt ihn nicht

Diversifikation ist *der Anlagegrundsatz schlechthin.* Es lässt sich zeigen, dass ein Aktienportefeuille bestehend aus nur wenigen Titeln nicht nur höhere Anlagerisiken birgt, sondern dass diese Risiken nicht einmal durch höhere erwartete Erträge belohnt werden. Wenn man davon ausgeht, dass man nicht mehr weiss als der Durchschnitt der anderen Marktteilnehmer, führt ein nur wenig diversifiziertes Aktienportfolio im Allgemeinen zu negativen Anlageerfahrungen. Als Konsequenz ergibt sich die Einsicht, dass ein vernünftig diversifizierter Anlagefonds dasjenige Investitionsinstrument darstellt, das am besten die strategischen Bedürfnisse sowohl privater als auch kleinerer institutioneller Anleger abdeckt.

Fünftes Gebot: Versuchen Sie nicht, mehr zu wissen als der „Markt“, denn der „Markt“ weiss viel

Im Allgemeinen besitzen weder Ihr Bankier noch Ihr Vermögensberater, noch die Börsenkolumne Ihrer Zeitung mehr Informationen und Einsichten in eine Unternehmung und den Wert ihrer Aktien als der Aktienkurs selbst. Mit anderen Worten: Wir können davon ausgehen, dass jeder Kurs an den Finanzmärkten jede für die Kursbildung relevante und öffentlich zugängliche Information bereits enthält. Das ist auch der Grund dafür, dass aktiv verwaltete Vermögen (so auch *aktive* Anlagefonds) keine bessere Rendite aufweisen als passive Anlagen (wie z.B. Indexfonds). Daraus folgt, dass es sich nicht lohnt, auf irgendwelche „heisse Tipps" zu setzen. Nachhaltiger Anlageerfolg kann nicht auf solchen Tipps beruhen, sondern auf einer ausgeprägten Anlagedisziplin.

Sechstes Gebot: Seien Sie diszipliniert

Verfolgen Sie nicht mit Ihrem ganzen Vermögen irgendwelche Anlageträume. Es gibt zu viele Scharlatane auf dieser (Finanz-)Welt, die mit der Habgier der anderen reich geworden sind. Bestimmen Sie selbst oder zusammen mit Ihrem Berater (Bankier, Treuhänder etc.) Ihren Anlagehorizont (den man aber nur allzu leicht unterschätzt!) und definieren Sie anschliessend, wieviel Sie in Aktien bzw. Aktienfonds investieren können. Wenn Sie die Investitionen getätigt haben, dann lassen Sie sie „laufen". Noch einmal: Gier ist der schlechteste aller Ratgeber an den Finanzmärkten, Disziplin hingegen der beste, auch wenn er etwas langweilig ist.

Siebtes Gebot: Haben Sie Spass, aber – Strategy First

Indexieren Sie, d.h. investieren Sie relativ passiv, aber lassen Sie es nicht dabei bewenden. Es gibt eine Welt „rechts der Erwartungswerte", und es macht Spass und ist zudem lehrreich, diese Welt auszukundschaften. Wenn Sie „mitspielen" wollen, versuchen Sie einen Teil Ihres Geldes aufgrund einer systematischen Research-Tätigkeit (oder dann eben aufgrund irgendwelcher Tipps) zu investieren. Tun Sie dies aber nur mit einem klar definierten Teil Ihrer Anlage (z.B. 30%), und seien Sie auch darin diszipliniert. Wenn Sie mit Ihren „Wetten" Recht haben, dann erreichen Sie mit dem strategischen Teil eine Indexperformance und mit dem Wettanteil vielleicht sogar etwas mehr. So liegen Sie insgesamt über dem Index und sind damit erfolgreicher als die meisten Anlageprofis. Wenn Sie nicht Recht haben, dann verlieren Sie wenigstens nicht allzu viel (effektiv oder im Sinne von Opportunitäten).

Achtes Gebot: Trauen Sie keinem

Trauen Sie niemandem, der zu hohe Vermögenserträge verspricht, und sicher nicht dem, der über das finanzielle Paradies auf Erden phantasiert. An den Aktienmärkten verdient man längerfristig 8% – 12% im Jahr. Es deutet nichts darauf hin, dass sich diese Rendite in den nächsten Jahren wesentlich ändern würde. Aktien sind aber tatsächlich die am meisten rentierenden Anlagemedien, weil sie kurzfristig auch die grössten Schwankungen aufweisen. Jede Anlagestrategie, die eine höhere Rendite in Aussicht stellt, ist notwendigerweise riskanter, was bis zu Totalverlusten gehen kann. Es gibt auch – oder vielleicht gerade – an den Finanzmärkten nichts umsonst.

Epilog

Das vorliegende Buch enthält im 7. Kapitel eine Anzahl von Punkten, die bei der Vermögensanlage sinnvollerweise zu beachten sind. Wir wollen hier zum Abschluss aber noch einmal darauf hinweisen, dass sehr viele Aspekte einer allumfassenden Vermögens- und Anlageberatung bewusst keine Erwähnung finden. Es ging nicht darum, eine anlegerspezifisch optimale Strategie unter Berücksichtigung aller verfügbaren Anlageprodukte und aller Risiken zu entwickeln. Ebenso kommen weder eine Steueroptimierung noch der Einbezug von Lebens- und sonstigen Versicherungen in eine langfristige Vermögensplanung, noch Erbschaftsfragen zur Sprache. Dabei handelt es sich um Fragen, die von eminenter Bedeutung für den Aufbau eines umfassenden Vermögens-, Steuer- und/oder Erbschaftskonzeptes sind und die ein Anlage- oder Bankberater bestens beantworten kann – sicher besser als die Frage, welcher Titel gerade heute gekauft oder verkauft werden muss.

In diesem Buch geht es ganz besonders darum, den Wert der Aktien als Anlagekategorie für den *langfristigen* Aufbau eines Vermögens zu unterstreichen. Im richtigen Licht betrachtet, stellen Aktien nämlich nicht das riskanteste, sondern vor allem das rentabelste Vehikel für eine langfristige Anlagestrategie dar. Man sollte deshalb endlich den hier diskutierten Zeithorizonteffekt systematisch in die Anlageanalyse und in die praktischen Anwendungen der modernen Portfoliotheorie einbeziehen. Nur so wird es nämlich möglich, dem Charakter einer Aktieninvestition wirklich gerecht zu werden. Ansonsten steht immer nur das kurzfristige Risiko im Vordergrund, u.a. deshalb, weil es so einfach zu messen ist. Bei der Verwendung der einfacheren Konzepte der modernen Portfoliotheorien liegt das Hauptgewicht leider noch immer viel zu häufig auf der Risikofrage. Bei einem langfristigen Anlagehorizont sind Aktienanlagen jedoch wesentlich weniger riskant als gemeinhin angenommen.

Viel Glück !!

Literatur

Albrecht, T. (1999), Asset allocation und Zeithorizont, Bad Soden/Ts.: Uhlenbruch.

Barber, B.M./T. Odean (1999), „Trading is Hazardous to Your Wealth: The Common Stock Investment Performance of Individual Investors", in: Journal of Finance, forthcoming.

Bertoldi, L. (1998), „Was sind Anlageempfehlungen wert?", WWZ News, Universität Basel, April 1998.

Dotsey, M. (1998), „The Predictive Content of the Interest Rate Term Spread for Future Economic Growth", in: Economic Quarterly (84), S. 31–51.

Fama, E. (1976), *Foundations of Finance*, New York: Basic Books.

Freimann, E. (1998), „Economic Integration and Country Allocation in Europe", in: Financial Analyst Journal (54), S. 32–41.

Gehrig, B./H. Zimmermann (1996), *Fit for Finance, Theorie und Praxis der Kapitalanlage*, Zürich: Verlag Neue Zürcher Zeitung.

Heri, E. W. (1980), „Eine empirische Überprüfung der Effizienzhypothese für den Schweizerfranken-Markt", in: Schweizerische Zeitschrift für Volkswirtschaft und Statistik (117).

Heri, E. W. (1996), *Was Anleger auch noch wissen sollten...*, Basel/Frankfurt: Helbing & Lichtenhahn.

Heri, E. W. (1998), *Value Based Management – Eine systematische Unternehmensführungsstrategie*, Winterthur Versicherungen, Discussion Paper, Sommer 1998.

Hübscher, M. (1998), „Die Vorurteile gegen Indexfonds sind nicht gerechtfertigt!", in: Finanz & Wirtschaft, Nr. 29, April 1998, S. 27.

Kritzman, M./D. Rich (1998), „Beware of Dogma: the Truth about Time Diversification", in: The Journal of Portfolio Management, Summer 1998, S. 66–77.

Kuehner, C. D./F. B. Renwick (1988), „Comments on the Efficient Market-Random Walk Hypothesis", in: *The Financial Analyst Handbook*, New York: Business One Irwin.

Malkiel, B. G. (1985), *A Random Walk Down Wall Street*, 4. Aufl., New York: Norton.

Metcalf, G. E./B. G. Malkiel (1994), „The Wall Street Journal Contest: The Experts, the Darts and the Efficient Market Hypothesis", in: Applied Financial Economics, S. 317–374.

Niehans, J. (1978), The theory of money, Baltimore: Johns Hopkins University Press.

Oertmann, P. (1996), „Lassen sich Aktienkurse prognostizieren?", in: Gehrig/Zimmermann.

Rosskopf, J. (1992), *Die Anlagepolitik schweizerischer Anlagefonds – Eine empirische Analyse*, Universität Basel, unveröffentlichte Diplomarbeit.

Rudolf, M. (1996), „Internationale Asset Allocation", in: Gehrig/Zimmermann, S. 123–139.

Samuelson, P. (1963), „Risk and Uncertainty: A Fallacy of Large Numbers", in: Scientia, April 1963, S. 1–6.

SAMUELSON, P. (1998), „The Judgement of Economic Science on Rational Portfolio Management: Indexing, Timing and Long Horizon Effects“, in: The Journal of Portfolio Management, Fall 1998, S. 4–12.

SHARPE, W.F. (1978), *Investments*, New York: Prentice-Hall.

SIEGEL, J.J. (1998), *Stocks for the Long Run*, New York: McGraw Hill.

SOLNIK, B. (1988), *International Investments*, Reading (Mass.) u.a.: Addison-Wesley.

WOMAK, K.L. (1996), „Do Brokerage Analyst's Recommendations Have Investment Value?“, in: The Journal of Finance, S. 137–166.

WYDLER, D. (1999*), Die Performance von Aktien und Obligationen in der Schweiz (1926–1998)*, jährliche Aufdatierung, Banque Pictet & Cie.

ZENGER, C. (1992), „Zeithorizont, Ausfallwahrscheinlichkeit und Risiko: Einige Bemerkungen aus der Sicht des Praktikers“, in: Finanzmarkt und Portfolio Management, S. 103–113.

ZENGER, C. (1994), „Ineffiziente Pensionskassen in der Schweiz: Ertragsverluste durch obsolete Deckungsvorschriften“, Neue Zürcher Zeitung, Nr. 160.

ZIMMERMANN, H. (1991), „Zeithorizont, Risiko und Performance: Eine Übersicht“, in: Finanzmarkt und Portfolio Management, S. 164–181.

ZIMMERMANN, H. (1998), „Wie wichtig sind Implementations- und Anlagehorizont bei Portfolioanpassungen“, in: Finanzmarkt und Portfolio Management, S. 221-226.